河南省软科学研究计划项目（232400410225）
河南省高等学校哲学社会科学创新团队支持计划（2019-CXTD-05）
国家社科基金项目：全球经济再平衡、价值链重构与中国对外贸易转型升级研究（19BJY179）

供应链整合
对质量和企业绩效的影响研究

The Impact of Supply Chain Integration on Quality and Firm Performance

侯海涛◎著

中国经济出版社
CHINA ECONOMIC PUBLISHING HOUSE
·北京·

图书在版编目（CIP）数据

供应链整合对质量和企业绩效的影响研究 / 侯海涛著．--北京：中国经济出版社，2024.6
ISBN 978-7-5136-7767-7

Ⅰ．①供… Ⅱ．①侯… Ⅲ．①供应链管理-影响-企业绩效-研究 Ⅳ．①F272.5

中国国家版本馆 CIP 数据核字（2024）第 093518 号

责任编辑　牛慧珍
责任印制　马小宾
封面设计　任燕飞

出版发行　中国经济出版社
印 刷 者　北京艾普海德印刷有限公司
经 销 者　各地新华书店
开　　本　710mm×1000mm　1/16
印　　张　13
字　　数　186 千字
版　　次　2024 年 6 月第 1 版
印　　次　2024 年 6 月第 1 次
定　　价　88.00 元
广告经营许可证　京西工商广字第 8179 号

中国经济出版社 **网址** http://epc.sinopec.com/epc/ **社址** 北京市东城区安定门外大街 58 号 **邮编** 100011
本版图书如存在印装质量问题，请与本社销售中心联系调换（联系电话：010-57512564）

PREFACE
前言

随着经济全球化和信息化的程度不断加深，我国企业的生存发展环境发生了巨大的变化，更加激烈的国际化的市场竞争环境迫使企业转变传统的经营管理模式。在经济全球化和信息化浪潮的冲击之下，市场竞争空前加剧，企业要独自保持竞争优势已经非常困难，必须跨越组织边界，寻求外界的帮助。企业的经营管理模式逐步转向供应链管理。通过管理供应链，企业与外部供应链伙伴建立长期的合作关系。依靠长期稳定的合作，企业降低了交易成本，提高了供应效率，提升了产品和服务的质量，增进了企业绩效和竞争力。供应链管理成为企业新的利润增长点，并为企业保持竞争优势提供了新的动力。与此同时，信息技术的快速发展更加促进了企业向供应链管理模式的转变，企业与企业之间的竞争逐渐由个体间的竞争转变为供应链与供应链之间的竞争。企业与供应链伙伴之间的关系由传统模式下的相互竞价、争夺利润空间转变为合作共赢的长期战略伙伴关系。

随着管理实践的推进，国内外对供应链管理的研究日渐丰硕。供应链整合被认为是供应链管理的核心内容之一。学者们对整合与绩效的关系做了大量的研究。通过文献回顾，笔者认为，目前对于供应链整合与绩效的关系，学术界依然存在分歧，有必要对整合与绩效的关系做进一步的研究。此外，对于供应链整合与绩效的研究，学术界长期以来都忽视了质量要素的作用。笔者认为，供应链管理的最终目标是达到客户满意，而为了满足客户的需要，质量是不容忽视的要素。近年来出现的供应链质量管理理论认为，应当把质量管理从企业内部拓展到整个供应链。很多学者也提出质量管理需整合供应链的主张，并呼吁质量管理者应当把管理视野从企业内部拓展到整个供应链。

本书要讨论的主题是供应链整合如何通过企业内部的质量机制来影响企业绩效。具体来说，本书主要聚焦在供应链外部供应商整合和客户整合，研究它们分别如何影响质量要素以及企业绩效。本书的目的在于在整合与绩效研究的框架下发掘出新的变量——质量要素，并细致考量不同整合类型对绩效的不同作用机制。本书的研究意义在于链接供应链管理理论与质量管理理论，为供应链质量管理研究积累资料。

本书建立了理论模型，在555个有效样本的基础上，利用多元回归方法对企业供应链整合中的供应商整合、客户整合，质量管理中的流程质量、产品质量，企业信息技术能力以及供应链敏捷性之间的深层次关系进行了统计检验的实证分析。基于实证分析结果，本书主要得到如下研究结论：

第一，供应链整合对企业绩效具有积极的正向影响，供应商整合和客户整合均对企业绩效产生显著的积极效应。

第二，供应链整合能够通过质量管理对企业绩效产生正向影响，质量管理是两者之间产生作用的重要枢纽。具体而言，供应商整合能够通过流程质量对企业绩效产生正向影响；供应商整合能够通过产品质量对企业绩效产生正向影响；客户整合能够通过流程质量对企业绩效产生正向影响；客户整合能够通过产品质量对企业绩效产生正向影响。

第三，流程质量是供应链整合对产品质量产生影响的重要中介渠道。一方面，供应商整合能够通过流程质量影响产品质量；另一方面，客户整合亦能够通过流程质量影响产品质量。换言之，供应链整合不仅直接影响产品质量，而且通过影响流程质量间接地影响最终的产品质量。

第四，企业信息技术能力是影响供应链整合与企业质量管理的重要外在条件。企业信息技术能力对供应商整合与流程质量的关系起正向调节作用；企业信息技术能力对客户整合与流程质量的关系起正向调节作用；企业信息技术能力对客户整合与产品质量的关系起正向调节作用。研究结论表明，企业供应链整合的本质与企业信息技术能力整合具有内在一致性，只有基于信息技术能力进行提升的企业，才能真正改善企业的运营效率和产品质量。此外，本研究结论能够为“IT 生产力悖论”提供一种新的解释视角。

第五，供应链敏捷性也是影响供应链整合与企业质量管理的重要外在条件。供应链敏捷性对供应商整合与流程质量之间的关系起正向调节作用；供应链敏捷性对客户整合与产品质量之间的关系起正向调节作用。研究结论表明，供应链敏捷性在供应商整合方面会对流程质量产生影响；供应链敏捷性在客户整合方面则是对产品质量产生影响。

本书的主要贡献有：

第一，本书在供应链整合与绩效的研究中引入了质量要素这一新的变量，并证实了质量管理在供应链整合与绩效之间的中介作用。以往的研究鲜有深入分析供应链整合不同维度与企业绩效之间的中介机制。本书的研究开拓了供应链整合与绩效研究的新思路，为推动供应链整合理论的发展做出了贡献。

第二，本书通过分析并验证不同范围的供应链整合与不同质量要素之间的关系，详细而系统地刻画了供应链整合通过质量要素影响企业绩效的机理，并通过实证检验验证了供应链质量管理的理论模型，为其进一步研究积累了实证资料。

第三，本书从供应链视角对企业的质量绩效进行了研究，证实了供应链整合对企业质量管理有正向促进的作用。本研究拓展了传统的、聚焦于企业内部的质量管理理论，是一次将质量管理实践拓展到企业外部供应链的尝试。

第四，本书通过分析企业信息技术能力在供应链整合与质量管理之间的调节效应，进一步明确了供应链整合对质量管理产生影响的外部条件。本书的研究为深入解读“IT 生产力悖论”提供了一个相对合理的解释视角。

第五，基于供应链敏捷性，本书深化了供应链整合与质量管理之间的内在作用机理。本书的研究证实了供应链敏捷性在供应链整合对质量管理产生作用方面的调节效应。供应链敏捷性与供应链整合的内在作用关系能够为企业管理者制定科学合理的应对外部环境的企业战略提供依据，在扩展供应链整合应用广度方面有一定的贡献。

本书的管理启示主要有：

第一，重视供应商整合与客户整合对企业绩效的共同推动作用。企业需要围绕供应链上的核心企业，努力整合外部供应商和客户资源。一方面，企业要集中精力聚焦于核心业务与核心竞争力，确保企业的战略竞争优势；另一方面，企业要在全社会范围内寻找最佳供应商，外包非核心业务，降低成本，依靠供应链整合打造供应链竞争优势。

第二，以“匠心精神”持续改善企业质量管理。质量管理理念发展至今，已经不只是某一个企业内部质量管理的问题。企业要跨越企业边界，在内外部供应链中进行质量管理。

第三，以信息技术能力带动企业向高端发展。信息系统是支撑供应链运行的重要基础设施，只有不断提高企业信息化程度，才能使企业持续地保持竞争优势。企业管理者要重视对信息系统的投资，将其视为企业的战略性资产，全力打造信息系统优势，帮助企业在全球化的竞争中立于不败之地。

第四，提升供应链运营能力。企业管理者应该在有效整合供应链的同时，提升供应链敏捷性，帮助企业规避外在不确定性，为企业创造更多的价值。

CONTENTS

目录

第1章 绪 论

本章在对相关理论背景和实践背景进行深入分析的基础上，进一步明确本书的主要研究问题，确定研究内容、研究方法、技术路线等。

1.1 研究背景

经过几十年的快速成长，传统的粗放型增长模式已经逐渐被淘汰，取而代之的是高质量发展的新模式，中国经济开始步入以经济增长调挡换速、产业结构优化升级为特征的经济发展“新常态”。在这个转变过程中，各行各业的企业都在积极寻求转型升级，以适应新的市场环境。然而，这种转型升级的背后，却是中国企业正面临着越来越大的成本压力。

在过去，中国依靠低成本优势吸引了大量外资和出口，但随着人口红利的消失和资源环境压力的增大，这种优势已经逐渐消失。与此同时，企业面临的人力、物力、财力等成本不断攀升，使得许多企业感到压力巨大。根据国家信息中心牛犁、陈彬①等的研究，构成制造业主要成本的人工、资金、土地、能源与原材料等生产要素成本不断上涨，国内制造业面临着越来越大的成本压力。2018—2023 年世界主要国家企业用工成本年增长率如表 1-1 所示。

---

① 牛犁，陈彬．中国制造业成本国际比较及降成本对策建议［EB/OL］．（2016-12-26）［2019-01-04］．http：//www.sic.gov.cn/News/456/7368.htm.

表 1-1　2018—2023 年世界主要国家企业用工成本年增长率　（单位:%）

国家＼年份	2018	2019	2020	2021	2022	2023	年平均增长率
美国	3.00	3.50	3.00	4.00	4.50	4.30	3.72
英国	2.50	3.00	2.80	3.50	4.00	3.80	3.27
德国	2.50	3.00	2.80	3.50	4.00	4.20	3.33
日本	1.80	2.10	1.70	2.30	2.50	2.30	2.12
南非	1.20	1.80	0.90	1.60	1.90	1.70	1.52
巴西	1.50	1.80	1.60	1.90	2.10	2.00	1.82
中国	7.90	8.50	6.50	7.40	8.30	7.00	7.60

数据来源：《中国劳动统计年鉴 2018—2023》、美国劳工统计局、英国统计局、德国联邦统计局、日本厚生劳动省、南非统计局、巴西国家地理统计局（IBGE）。

2018—2023 年，中国企业用工成本年平均增长率达到 7.60%，而同时期美国企业用工成本年平均增长率为 3.72%，英国为 3.27%，德国为 3.33%，日本仅为 2.12%，而主要发展中国家如南非为 1.52%，巴西为 1.82%。可以看出，中国企业的用工成本年平均增长率在近些年要显著高于欧美日等发达国家以及主要发展中国家（图 1-1）。

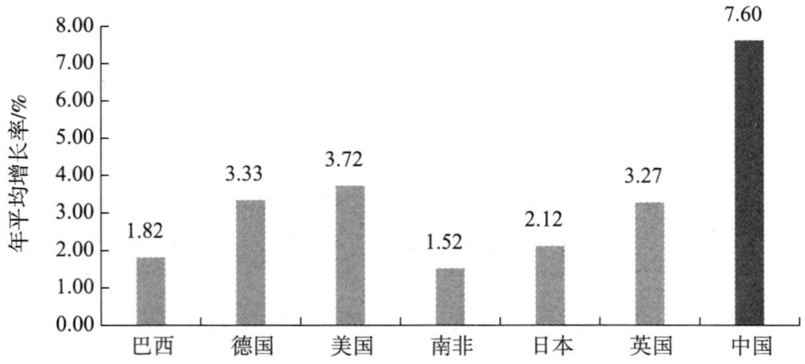

图 1-1　2018—2023 年世界主要国家企业用工成本年平均增长率

此外，根据牛犁、陈彬等的研究，中国企业要负担的“五险一金”的社保费用合计占到本单位职工工资总额的 33%～40%（国外一般为 15%～20%），企业的社保缴费负担较重。劳动力成本的过快上涨给中国企业带来了不小的成本压力，已经成为制约中国制造业保持竞争优势的重要因素。而与此同时，随着国际分工的不断深化，东南亚、印度等经济欠发达国家和地区依靠仍然较廉价的劳动力相对我国制造业慢慢展现出成本优势，并开始积极承接欧美等发达国家和地区制造业的转移。这一转变使我国面临产业替代、投资流失的发展困境。

从资金成本来看，中国的贷款利率也高居世界主要国家前列。2011 年，中国银监会（现为国家金融监督管理总局）公布的一年期贷款基准利率为 6.56%，远高于其他发展中国家，虽然经过多次降息，到 2015 年，中国一年期贷款基准利率仍然高达 4.35%，这一利率水平仍然高于世界主要发达国家。2018—2023 年，中国一年期贷款基准利率基本稳定在 4.35%，如表 1-2 所示。

表 1-2　2018—2023 年主要国家一年期贷款基准利率　（单位：%）

国家 \ 年份	2018	2019	2020	2021	2022	2023	平均利率
美国	4.94	4.56	4.28	4.03	3.97	3.96	4.29
英国	0.75	0.75	0.25	0.11	0.15	0.49	0.42
德国	−0.43	−0.57	−0.68	−0.54	−0.45	−0.35	−0.50
日本	−0.12	−0.12	−0.12	−0.12	−0.12	−0.12	−0.12
南非	6.75	6.5	6.5	6.5	6.5	6.5	6.54
巴西	6.5	7	4.5	4.5	4.5	4.5	5.25
中国	4.35	4.35	4.35	4.35	4.35	4.35	4.35

数据来源：美国联邦储备系统、英格兰银行、德国联邦银行、日本银行、南非储备银行、巴西中央银行、中国人民银行。

同时期世界主要国家年平均贷款利率水平：美国 4.29%、英国 0.42%、德国−0.50%、日本−0.12%、南非 6.54%、巴西 5.25%，从中可以看出，近年中国企业的融资利率仍然高于世界主要发达国家（图 1-2）。

需要注意的是，在同时期，世界主要国家的实际贷款利率相比贷款基准利率要普遍低很多，而中国恰恰相反，企业在融资时实际贷款利率普遍高于基准利率，因而除了巴西之外，中国制造企业要承受的实际贷款利率相比世界主要国家显得较高。与此同时，中国制造企业在办理贷款时，还要被收取大量其他费用，因此又增加了大量的额外成本，导致最终资金成本居高不下，直接影响了中国制造企业在全球的竞争力。

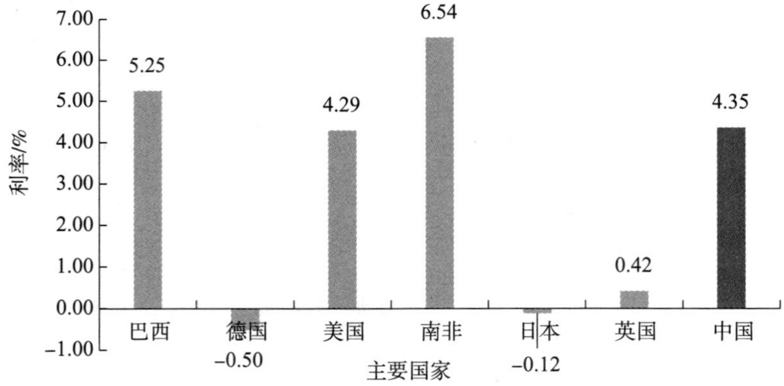

图 1–2　2018—2023 年主要国家平均贷款基准利率

从用地成本来看，随着我国城镇化快速推进以及商品房市场井喷式增长，房价与地价相互拉抬，土地价格不断上涨，企业用地成本也在急剧增加，尤其是在 2012—2015 年，地价上涨幅度非常大。

表 1–3　我国工业用地价格定基指数

项目	2012 年		2013 年		2014 年		2015 年	
	地价（元/平方米）	同比增速（%）	地价（元/平方米）	同比增速（%）	地价（元/平方米）	同比增速（%）	地价（元/平方米）	同比增速（%）
综合	3093	1. 77	3349	7. 0	3522	5. 16	3606	3. 30
商业	5793	3. 15	6306	7. 9	6552	3. 90	6701	2. 55
工业	662	2. 00	700	4. 5	742	6. 03	757	3. 48

数据来源：根据历年《全国主要城市地价状况分析报告》整理。

经过 2012—2015 年的快速上涨后，土地价格达到历史高位。2020 年以后，房地产行业开始下行，土地价格随之不再快速上涨，但也一直维持在高位，根据中美制造业主要成本的对比数据来看，我国一个普通县城的土地价格也高达 100 万元/亩，而美国的工业用地价格仅为 2 万美元/亩。

综上所述，在国内制造成本急剧上升的情况下，东南亚、印度等地凭借其相对于中国的成本优势，开始积极承接欧美等发达国家和地区制造业的转移，对我国形成了较大的竞争压力。如何应对国内成本上升与东南亚国家的竞争，不仅关系到我国制造业如何继续保持竞争优势地位，同时也关系到我国经济长久可持续发展以及如何缓解就业压力等一系列重大问题，是我国从政府到企业界以及学术界共同关注的热点与难点问题。

“十四五”期间，国务院和党中央继续秉持和实施经济结构转型升级和高质量发展的理念和政策，其宗旨在于实现供给侧高质量发展以及产业结构向高附加值行业转型升级。在同时面临内外部双重压力以及经济转型升级和高质量发展的趋势背景下，中国制造企业应该如何通过供给侧改革，利用中国强大的物流、信息技术等基础设施能力以及管理和商业模式变革来提升中国供给质量，实现经济转型升级和高质量发展已经成为企业界和学术界亟待解决的问题。

1.1.1　行业实践背景

在国家经济整体发展速度放缓、信息技术强烈冲击和外部竞争环境日趋激烈的背景下，我国企业经济发展也面临诸多挑战。如何利用自身资源优势和外部有利时机重新组合企业内部要素，打破组织固有竞争界限，基于供应链整合优势深层次改善企业绩效成为当前我国企业发展的重要命题。具体而言，我国企业经济发展面临现实情况主要为：

第一，从国家宏观经济发展趋势来看，传统高耗能、低附加值的粗放经济发展模式难以为继，实现企业提质增效乃至整个产业链转型升级成为当前我国企业可持续发展的当务之急。经济结构转型升级和高质量发展理念成为引领经济“新常态”的发展指南和企业发展风向标。转型升级和高质量发展的理念及相关政策的提出旨在解决现阶段我国制造业普遍存在的生产能力低下、成本高企、供给端与需求端匹配失衡等问题，改革的方针指引企业应当利用现代化的信息技术手段促进供应链管理，并全面推进质量管理，促进产品和服务质量的升级，依靠质量打造品牌，依靠强有力的品牌获取竞争优势，从而彻底实现转型升级并走出发展“瓶颈”。新的发展理念和政策引导企业要从供给端入手，通过全链条管理与整合，促进全要素生产率稳步、持续提升，从而形成高质量、高效率的供给能力，即供给侧改革。供给侧改革反映在企业实践层面就是对供应链进行提质增效的管理变革和创新。对于大部分企业而言，供给侧改革目标的实现需要依靠供应链管理能力的提升，通过对供应商、制造商和客户所组成的供应链网络进行整合，以及对其中的物流、信息流和资金流进行协调与控制，使企业达到降低运营成本、提高产品质量和提升市场反应能力的目的，走出生产制造能力不能满足日益升级的客户需求的现实困境。

如前所述，中国企业面临着较为沉重的成本压力，当企业发展享受的传统人力、资本等红利逐渐不具竞争优势时，企业需要借助与上下游供应链企业的亲密合作来降低成本、寻找新的利润空间。借鉴国际成功企业案例经验，利用供应链管理与整合思路，从内部整合和外部整合两个方面着力进行管理重构和资源整合对于降低生产和管理成本、提高供给质量具有良好效果。例如，丰田汽车公司、波音、庞巴迪等世界领先制造业企业均与其供应商之间保持着稳定协作关系；利丰集团则通过变更供应链结构，施行以客户为中心的策略，根据客户需求提供产品设计与开发，并通过协调和整合全球供应商网络，为客户提供最有成本竞争力和最佳质量保证的产品，在贸易环境整体不利的情况下，依赖供应链网络整合重构成功突围。通过供应链整合，企业可以降低交易成本，提升供应链的反应速度和柔性，可以更好地理解客户需求，更好地改进产品设计和服务质量，从而提升客户满意度，实现以比较低的运营成本获取最大的利润。因此，供应链整合成为中国企业在新时代下进行改革转型的必由之路。

第二，从企业可持续发展战略看，信息化建设成为企业实现转型升级的重要手段和支撑。一方面，信息技术的高速发展为现代企业的经营模式和外部环境带来了深刻改变。现代网络技术和电子商务的兴起使得许多客户足不出户就能在网络平台上订购商品。移动互联网更加使得消费跨越地理时空界限，随时随地都可能发生。消费者的需求快速变化，并且变得更加多样和个性化。这些消费模式的转变使得企业必须紧紧跟踪市场需求的变化，整合生产供给和营销渠道以便能够快速响应新的需求。另一方面，通信与网络技术的高速发展，电子数据交换（EDI）、射频和 GPS（全球定位系统）等信息技术的运用推动了供应链及其管理技术的不断发展，为企业进行跨越组织边界的供应链整合带来了技术便利。采用信息技术（IT）提升供应链管理水平，并向客户提供基于信息技术的增值服务，成为企业在成本领先及差异化方面的战略选择。信息技术的迅猛发展使得企业跨越组织边界的经营与管理活动变得更加便捷与可行。信息技术不但使企业可以更加快速有效地获取市场信息，促进供应链更加敏捷地捕捉客户需求动态并对客户需求做出反应，而且还使企业在全球范围内的采购与销售变得更加便捷，企业可以便利地在全球范围内布局供应链，通过控制供应商数量、严把供应商品质量从而优化供应质量并降低采购成本。

第三，经济的全球化发展促进了市场的国际化，同时也带来了越发激烈的竞争环境，企业亟须通过建设能够快速响应市场需求变化的敏捷型供应链来持续创新企业的产品和服务质量，满足消费者的需求，从而保持竞争优势。全球化的市场竞争使得新产品的生命周期越来越短，客户期望值不断提高，消费者需求快速变化。消费者面临的选择越来越多，客户可以选择地理概念上更远处的供应商，只要对方能够快捷地把商品交到自己手里（Mehta and Janak，2004）。因此，如何对外部环境变化保持快速响应成为企业维持竞争地位的必要能力，企业面临的竞争已经从资源、人力、资本等要素争夺逐步转向企业供应链敏捷性能力的高层次较量。而要实现对市场需求变化的快速响应，单靠企业个体显然已经无法做到，企业必须依靠整合整条供应链才能做到从原材料的供给，新产品设计、研发、生产制造、销售都围绕消费者来进行，企业必须使所有供给、生产和销售等环节都围绕消费者需求这一中心来创新产品质量和服务，才能留住消费者，从而在市场上保有一席之地。

综上所述，在如今全球化、信息化的时代，企业之间的竞争逐渐上升到其供应链管理与整合能力的竞争。由制造商、供应商和客户所构成的供应链的整体绩效将决定企业能否以最低的成本和最快的速度来最大限度地满足终端客户对产品和服务的个性化需求。企业通过与供应链伙伴之间的协作与整合，正在逐步打破传统模式下的组织壁垒，建立集成化的供应链组织模式，对于其降低成本、寻找新的利润增长点、创造附加价值具有重要意义。如何进行供应链整合，从而帮助企业降低成本，继而实现整个供给侧提质增效是我国企业在转型升级的进程中必然要面对和解决的问题。研究供应链整合如何帮助企业提升质量和绩效对我国企业的高质量发展具有重要的理论指导意义。

1.1.2 理论研究背景

随着管理实践的推进，自20世纪后期，学术界开始关注并强调供应链管理的概念和供应链管理的重要性及必要性。经过几十年的发展，供应链管理领域的研究成果已经非常丰硕，大量相关研究从不同视角和不同层面彰显了供应链管理在企业发展中的关键作用。学者们普遍认为供应链管理决定着企业的竞争地位，是缔造企业竞争优势的重要保障。学术界对供应链管理的研究主要包括以下几个方面：

第一，供应链整合的内涵及其与企业绩效的关系。供应链管理被认为是对核心商业流程从最初的供应商到终端用户进行的产品、服务、信息的整合，以此来为客户和利益相关者提供附加价值（Lambert and Cooper，2000；Richey et al.，2010）。随着供应链管理理论的发展，越来越多的研究表明“整合”是供应链管理的核心。Vijayasarathy（2010）认为供应链管理的实质，应该是对企业内部乃至跨企业边界的整个流程进行深入整合；Themistocleous 等（2004）认为成功的供应链管理实践，应该从对于完成关键绩效能力的关注，转变为重视将企业的整体活动与战略性供应链流程进行完美的整合；Rai 等（2006）进一步认为供应链管理的核心内涵是与供应商和客户整合以获取竞争优势。同时，学者们分别基于组织理论（organizational theories）、资源基础观（resource-based view）、关系观（relational view）、社会交换理论（social exchange theory）、组织信息处理理论

（organizational information processing theory）、知识基础观（knowledge-based view）和交易成本理论（transaction cost theory）对供应链整合与公司绩效提升之间的关系进行了较为充分的探究。

目前，已有大量国内外研究探索并验证了供应链整合对企业绩效、竞争优势、客户满意度等企业经营目标的影响。但是，关于整合与绩效的关系，学术界仍存在分歧。尽管有一大部分学者（Frohlich and Westbrook，2001；Rosenzweig et al.，2003；Vachon and Klassen，2006；Swink et al.，2007）认为供应链整合与企业绩效之间存在正向关系，研究界与实践界仍然不能达成共识。Zailani 和 Rajagopal（2005）提出供应商整合以及客户整合与企业运营绩效之间的关系还没有被证实。Power（2005）提出整合在实践中没有被广泛实施的事实来佐证 Zailani 和 Rajagopal（2005）的观点。还有些学者甚至认为整合就是华而不实的概念（Fawcett and Magnan，2002）。所以，Fabbe-Costes 和 Jahre（2008）在他们的研究中指出，整合对绩效的作用还不能被看作既成的、有效的，仍然需要进一步研究。

第二，质量在供应链管理中的重要性。要有效地管理供应链以满足客户需要，质量是在生产和分销活动中必须考虑的重要因素。Forker 等（1997）在他们的研究中指出“供应商质量管理的实践真实有效地增进了企业绩效”，他们鼓励企业继续在整个供应链中实施质量管理实践。在过去的几年，产品召回事件在美国、日本以及中国频繁地发生，这充分揭示了质量在全球化的供应链过程中的中断以及质量角色作为供应链不可或缺的资质需要更多关注。近年来，研究领域出现了供应链质量管理的概念，这个领域正是要处理在供应链情境下的质量管理问题（Kuei et al.，2001；Robinson and Malhotra，2005；Lin et al.，2005；Sila et al.，2006；Foster，2008）。供应链质量管理理论把现有的质量管理理论从企业内部聚焦扩展到了企业的外部整合，它强调企业与供应链所有伙伴进行合作与互动来持续不断地改善绩效（Robinson and Malhotra，2005）。

对于供应链质量管理这个渐渐显露的领域，还有一些关于质量管理与供应链管理之间关系以及它们如何影响企业绩效的问题没有很详细和系统地解答。Foster（2008）呼吁更多的学者关注供应链质量管理领域。Kaynak 和 Hartley（2008）提议管理者应当把管理视野从自身企业内部延展至整个供应链，从供应链的视角管理质量。但是，若要实践学者的这些呼吁，供应链中的各个企业必须发展出一些相互联结的，基于合作、交流和协调整合的管理实践来使理论主张落地。这些联结企业的实践就包括了以整合上下游的质量管理流程来为客户提供高质量的产品和服务。由此，基于质量管理这一重要变量深入分析其在企业供应链整合与企业绩效的作用机理，是当前理论研究的重要切入点，亟待进一步进行深层次理论探索。

第三，信息技术能力和供应链敏捷性对供应链整合的影响。大量研究表明，供应链整合对企业绩效的影响并非只有直接效应，还会基于不同条件产生更为深层次的影响（Das et al.，2006；Huo，2012）。一方面，随着信息技术的迅猛发展，企业信息技术能力逐渐成为影响供应链整合与企业绩效作用关系的重要外部条件（Harland，2001），是提升企业供应链整合水平以及支持企业供应链整合升级的重要工具（Wan et al.，2011；Cheng et al.，2014；Kim，2013；Wang et al.，2004）。但是，已有研究中却鲜有文献翔实解析信息技术能力在供应链整合与企业质量管理之间的作用机制。另一方面，当前企业还面临着更为复杂的外部竞争环境，企业需要不断提升供应链敏捷性来实现降低成本、提高反应能力，提升产品和服务质量的目标（Swafford et al.，2006）。已有文献从多种视角分析了供应链敏捷性对企业绩效的影响作用（Gligor and Holcomb，2012；Christopher，2000；谢磊等，2012），但是，重点针对供应链敏捷性如何影响供应链整合与质量管理两者之间关系的研究却很少，需要从理论层面做进一步分析。

综上所述，从实践和学术领域的发展趋势可以看出，对于“整合”的研究需求迫切，供应链整合是目前供应链领域的热点问题。但是，企业供应链整合与企业绩效之间的理论作用机理仍有待进一步探索。目前，鲜有研究能够系统建构企业供应链整合影响企业质量管理、企业绩效的理论模型。鉴于此，本书拟将基于动态能力理论以及快速平稳理论的视角，同时将供应链整合、质量管理、信息技术能力、供应链敏捷性以及企业绩效纳入同一理论框架进行系统性、详细性分析，以期得到关于供应链整合与质量和绩效影响关系的系统性理论知识。

1.2 研究意义

1.2.1 理论意义

Lambert 和 Cooper（2000）提出的经典供应链管理定义得到相关专家与学者的一致认可：供应链管理是对核心商业流程从最初的供应商到终端用户进行产品、服务与信息的整合，从而更好地为顾客与利益相关方提供附加价值。这一定义非常强调整合在供应链管理中的作用，认为整合是供应链管理的核心。随着实践的发展，供应链管理的定义也将增添新的内涵，本书的研究将供应链整合作为核心概念，研究其定义和特征，这将有力地填补供应链整合定义研究的空白，为供应链管理理论研究打下基础。

关于整合与绩效的研究，尽管众多学者都认为整合与企业绩效存在正向相关关系（Frohlich and Westbrook，2001；Rosenzweig et al.，2003；Vachon and Klassen，2006；Swink et al.，2007），但是关于这一观点，并不能得到所有研究人员与企业界人士的一致认同。Zailani 和 Rajagopal（2005）对供应商整合以及客户整合与企业运营绩效之间的关系进行了研究，并以美国和东亚地区的企业为实例进行比较研究，但是其观点并没有得到有力的证据支持；Power（2005）对供应链整合的理论与实践进行了文献研究。Fawcett 和 Magnan（2002）甚至认为供应链整合就是制造一些华而不实的概念来哗众取宠。所以，Fabbe-Costes 和 Jahre（2008）在对供应链整合的概念及其绩效进行研究后，得到结论：供应链整合对企业绩效的作用的有效性还值得怀疑，仍然需要进一步研究。本书将构建供应链整合与绩效关系研究的理论框架，并将用实证研究方法进一步探究其影响关系，为供应链整合与绩效的关系研究积累实证资料。

除此以外，目前大部分关于供应链整合与绩效的研究重点是如何提高供应链的效率，以及如何更加快速地响应顾客需求，关于供应链整合对质量的影响则有所忽视。经过分析 Ho 等（2002）以及 Cousins 和 Menguc（2006）等的研究成果，发现其根源在于最初大部分对供应链管理进行研究的学者往往是从传统的物流与采购职能研究转入这一领域，因此研究人员将着眼点聚焦于基于职能来对绩效进行评价，缺乏用更加宽广的眼界来认识供应链绩效。

Forker 等（1997）在研究中发现，通过在企业供应商中推广 TQM（全面质量管理），极大地提高了企业绩效，因此认为必须鼓励企业在整个供应链管理中大力推进全面质量管理实践。但是，根据 Zailani 和 Rajagopal（2005）的研究，供应链效率与顾客满意之间存在着天然的矛盾，是一种此消彼长的平衡关系。因此要通过对供应链的有效管理，从而满足顾客需要，必须在生产和分销活动中充分考虑质量这一重要因素。最近几年，大规模产品召回事件在世界各地频繁发生，造成的影响波及全球。其中甚至包括大众汽车、丰田汽车、三星手机等全球著名企业，给企业造成了巨额损失并极大地伤害了企业声誉。这充分揭示了一些企业在供应链全球化过程中，对于质量缺乏管控，同时也说明质量管理对于供应链的重要性，需要得到更大的关注。

在供应链质量管理这一研究领域，Kuei 等（2001）、Lin 等（2005）、Sila 等（2006）等大量专家学者开始关注，并对供应链情境下如何进行质量管理的问题进行了深入思考。供应链质量管理理论（Robinson and Malhotra，2005）强调企业应通过与供应链所有伙伴进行合作与互动，从而持续不断地改善绩效，这一理论将现有的质量管理理论的边界从聚焦企业内部扩展到了企业的整个供应链，从供应链整合的角度来对质量进行管理。

目前，在供应链质量管理这一崭新的研究领域，还有大量问题有待进一步研究解决，例如关于质量管理与供应链管理之间的关系，以及它们如何影响企业绩效等问题都需要学术界与企业界进一步深入探讨。Kaynak 和 Hartley（2008）提议管理者不应当把管理视野局限于企业内部，应当延展至整个供应链，以供应链为视角管理质量。本书试图从流程整合和过程质量这一新的研究视角探讨供应链质量管理对绩效的影响，为今后的研究提供一种新的研究视角的启发。

1.2.2 实践意义

面临着内需不振与产能过剩的双重难题，国家层面开始从供给角度进行着力，适时提出供给侧改革，传统制造业转型升级，强调全面质量管理，着力打造民族品牌。供给侧改革已经成为国家改革的重要导向，在企业层面则必须做好相应的“降成本、补短板”等一系列工作，不断提高企业生产与运营效率，以技术和管理的提升来减少无效消耗，降低交易成本、制造成本、财务成本，提升质量管理水平，促进产品和服务品质升级，依托质量打造品牌。综观我国制造业，各个传统工业基地如东北、中原、西北等地区的制造业普遍存在利润偏低，产品质量低下，经营不景气的状况。

以笔者所在的城市河南省洛阳市为例。河南省洛阳市是新中国成立时期确立的国家重点基础工业城市，是中原地区著名的重工业城市，其工业制造业的发展现状在全国都具有典型性。目前，洛阳市的工业制造行业普遍存在以下问题：

（1）传统重工业占比过高

根据《洛阳统计年鉴（2022）》，2021 年洛阳重工业企业在规模以上企业主营业务收入中的占比高达 89.45%。一方面重工业占比高，体现了洛阳制造业在装备制造领域具有集群优势；但另一方面重工业能耗高，产能过剩严重，环境压力大，制约了洛阳的高质量发展，未来还会面临碳减排的严峻挑战。轻重工业各有不同的运转周期和市场规律，轻重工业合理搭配，在一定程度上可以熨平周期，但洛阳重工业占比高，产业周期同步，抵御市场风险能力就会偏弱。

（2）企业利润率普遍偏低

除了重工业比重高，洛阳制造业中，国有及控股企业的比重高于全国平均水平。但是，洛阳市国有及控股企业利润总额占比（14.03%），远低于全国平均水平（26.43%）。同时，洛阳国有及控股企业主营业务成本（38.87%）和管理费用（41.41%）又远高于全国平均水平（26.43%、24.82%）。这表明洛阳国有企业运行绩效低于全国同类企业。《洛阳统计年鉴（2022）》显示，洛阳市全年规模以上工业企业实现营业收入 5321.1 亿元，增长 4.8%；实现利润总额 233.3 亿元，下降 18.6%；营业收入利润率仅为 4.4%。

洛阳主营业务收入排名前十位的制造业，R&D（科学研究与试验发展）投入强度大多低于全国平均水平。由于洛阳科研院所较多，其 R&D 投入也被统计在内，一定程度上掩盖了大多数企业 R&D 投入过少的问题。研发投入不足也是制约洛阳制造业高质量发展的重要因素。

由此可见，洛阳市工业企业处于低效运营状态，盈利能力较差，缺乏增长潜力与发展活力。如何摆脱利润不断下滑的困境，重塑传统制造业活力，是当前洛阳市乃至全国要着力解决的重点问题之一。

（3）发展思路落后

与此同时，与重工业发展相适应的体制、思想和意识也被不合时宜地保留下来，成为洛阳制造业进一步发展的障碍。过去一段时间，洛阳企业还是有计划性的思维，市场意识不足。比如一拖有载货汽车整车的牌照，但是没有抓住汽车产业的机遇。洛阳很多人说，洛阳永远有汽车梦。但是洛阳就是错失了这个发展机遇，这个机遇过去了，没有第二次机会。产业发展需要试错空间，核心技术需要在试错中发展，试错会为一个企业带来新鲜的活力、发展的动力，助力企业的变革与创新，也会在这个过程中，淘汰掉一部分企业。但老工业基地不敢轻易试错，因为有职工负担、业绩考核等多重压力，管理者只能保守处理，谨慎创新，求稳怕乱，大多采用效仿紧跟的思路，看到有成功案例时再做。但这个时候已经晚了，别人具有先发优势，已经抢占先机，占领市场份额，此时再想超越就很难了。不只是洛阳，绝大多数老工业城市在转型中都会面临这样的困难。如今，当合肥等经济总量曾经落后于洛阳的城市已经在发展芯片、新能源汽车等高附加值的产业时，洛阳的产业还是和几十年前一样，做重型装备、轴承、耐火材料等传统产业，甚至是夕阳产业。

我国传统制造业的现状以及近几年我国消费者“出国购买马桶盖、电饭煲”的事件表明，全面提升产品品质，开展全面质量管理，打造属于我国制造业的知名品牌，已经成为企业面对消费升级、实现转型升级亟待解决的问题。本书的研究正是要为传统制造业的发展提供新理念和新思路，主要从供应链整合的角度来谈如何提高供给侧质量，其对于我国传统制造业利用供应链整合实现企业提质增效以及高质量发展，继而实现产业链转型升级具有重要的理论指导意义。

1.3 研究内容

本书研究的主题是供应链整合如何通过企业内部的质量机制来影响企业绩效。本书首先运用定性研究方法研究供应链整合的定义、特征、驱动因素、过程机理以及效果；其次基于动态能力理论和快速平稳理论的理论基础系统地构建供应链整合与质量和绩效关系的理论模型，并运用实证研究方法检验构建的假设关系，最终得出理论知识。在此基础上，为企业的发展和相关部门制定政策提出对策和建议。

本书的研究分为基础理论研究和实证研究两个部分。基础理论研究部分主要采用文献研究法及调查法来对供应链整合的定义、特征、驱动因素、过程机理以及效果做定性研究。实证研究部分主要从动态能力理论和快速平稳理论视角来研究供应链整合对质量绩效和供应链绩效的影响关系。本书的一个重要贡献在于：提出供应链整合与绩效之间影响关系的理论分析框架，在此基础上，发掘出质量管理的作用——供应链整合通过不同的质量要素对绩效产生影响的详细作用机制。

具体地说，本书的研究问题是：第一，基于动态能力理论分析供应链整合对企业绩效究竟会产生怎样的影响，是积极影响还是消极影响？供应链中的供应商整合与客户整合对企业绩效又会产生哪些差异性的影响？第二，基于动态能力理论分析供应链整合对企业绩效的影响是否存在“理论黑箱”，具体而言，质量管理在供应链整合和企业绩效之间是否起到中介作用？第三，基于快速平稳理论和动态能力理论分析供应链整合对质量管理的影响会受到哪些因素的调节和影响？企业信息技术能力和供应链敏捷性到底对供应链整合与质量管理之间的作用关系能够产生何种影响？具体而言，为了更好地回答以上几个问题，本书将主要研究内容及问题阐述为以下几个方面：

第一，基于动态能力理论解析供应链整合对企业绩效产生的主效应。由于以往研究中，对于二者的关系得到的结论并不统一，通过对供应链整合两个维度——供应商整合和客户整合影响企业绩效的主效应分析，可以深入探寻两者之间的内在关系，主要回答供应链整合对企业绩效有何影响。

第二，基于动态能力理论和快速平稳理论分析质量管理不同维度对供应链整合不同维度影响企业绩效路径的中介作用。从已有研究看，鲜有研究深入细致分析质量管理中的流程质量和产品质量对供应链整合与企业绩效作用关系的影响机理。本书试图从质量管理视角，整合不同供应链整合维度与企业绩效之间的作用机理，通过分析流程质量和产品质量在供应链整合与企业绩效之间的中介作用，进一步厘清供应链整合对企业绩效产生影响的“理论黑箱”。

第三，基于快速平稳理论深入分析流程质量对供应链整合与产品质量的中介作用。在以往研究中，鲜有研究基于供应链整合的理论角度探究流程质量与产品质量之间的深层次关系。本书则基于流程质量切口，详细分析供应商整合和客户整合对产品质量产生影响的中介机制，明确回答流程质量的关键“枢纽”作用。

第四，在供应链整合情境下，基于快速平稳理论和动态能力理论深入分析与研究影响供应链整合与质量管理之间作用关系的外部影响因素。具体而言，本书通过分析信息技术能力、供应链敏捷性等在“供应商整合→流程质量→企业绩效”“供应商整合→产品质量→企业绩效”“客户整合→流程质量→企业绩效”“客户整合→产品质量→企业绩效”等多元路径中的调节机理，回答信息技术能力和供应链敏捷性等因素在供应链整合与质量管理两者之间的作用机理，进一步明确了供应链整合对质量管理产生影响的外在作用条件。

总之，本书的研究目标在于试图呼吁管理者转换思路，通过强调新的思维——质量管理，将其有机嵌入供应链整合与企业绩效理论框架，为管理者提供新的管理理念和依据。本研究拟通过动态能力理论和快速平稳理论逻辑搭建供应链整合和质量管理之间的关系框架，在对供应链整合的概念和内容进行探讨的基础上，聚焦于外部供应商整合和客户整合，并探究它们分别如何对质量要素以及企业绩效产生影响。同时，本书从供应链的角度重新诠释了质量管理实践，拓展了传统的聚焦于企业内部的质量管理理论，为传统的质量管理实践提供了新视野。

1.4　研究方法与技术路线

1.4.1　研究方法

本书主要采用定性研究方法以及实证研究方法。定性研究方法适用于对现象和机制的描述、概括与总结，而实证研究方法则通过构建理论概念模型，用统计检验的方式对假设模型进行实证检验，并且据此提出本书的结论。本书强调理论联系实际，首先，从宏观经济背景和行业背景展开调研，获取相关的调研数据后，用“事实说话”，深入挖掘数据背后的理论逻辑和实践意义，以实际数据揭示研究问题本质。其次，本书大量梳理和总结相关文献，并结合实际数据支撑展开逻辑分析，提供理论研究假设，建立理论分析模型，以统计分析方法验证理论模型。最后，本书主要通过分析数据结果、阐释管理本质，最终得到研究结论。具体方法如下：

（1）文献研究法

系统查阅和追踪国内外有关供应链整合、质量管理、信息技术能力以及供应链敏捷性等核心概念的前沿文献，并对文献进行系统归纳和整理综述，据此发掘理论空白点、提炼研究问题和建构本研究主体理论框架。

（2）访谈法

访谈法是定性研究的一种必要手段，基于本书理论+实证的研究类型，为科学准确地定义概念，以及确保测量问卷的内容效度，本书拟将采取专家访谈、管理人员访谈、基层一线员工访谈等访谈方法。

（3）问卷调查法

本书主要采用问卷调查的方法进行数据收集。问卷的发放包括三个步骤：首先结合文献研究以及访谈法，形成本研究中的初始调查问卷。其次进行预调研，通过发放少量问卷，根据填答效果，将不理想的项目优化修改。最后为正式调研。问卷调查方法是本书的重点研究方法，是本书验证理论假设和纯化研究问题的重要方法。具体而言，本书主要采用问卷调查的方法获取一手数据，并利用这些一手数据来完成初始问卷的探索性因子分析、数据纯化、正式调查数据收集以及理论假设检验等大量工作。

（4）统计分析方法

本书拟采用的统计分析方法包括验证性因子分析、多元回归分析等。具体而言，本书将首先采用结构方程模型方法对共同方法偏差问题进行检验和判定；其次采用因子分析法验证所使用问卷的效度和信度；再次对各变量进行描述性统计分析和相关分析，同时利用结构方程模型方法对不同构念做验证性因子分析；最后运用多元回归分析法检验研究框架与理论假设。

1.4.2 技术路线

如图1-3所示，本书的技术路线基本可以分为三个步骤：

（1）提出问题

针对研究主体大量查阅相关文献，遴选和整理相关文献，通过系统地阅读与总结提炼研究问题。立足于当下宏观经济和政策背景，关注有关行业，通过统计年鉴、行业报告、企业年报等多种途径收集行业相关数据，根据所做理论综述，确立实践管理问题，进一步提出具体的研究问题。

（2）分析问题

本书通过文献综述与实践数据整理，确立供应链整合、质量管理、信息技术能力以及供应链敏捷性为主要的研究领域，明确以供应链整合对企业质量管理和企业绩效产生影响的内在机理为重点研究主题，并具体研究供应链整合对质量管理以及企业绩效的影响机制。针对研究问题提出模型与假设，并确定研究方法（主要是定性研究方法及实证研究方法），设计调查问卷，修改完善问卷，展开数据收集获取一手数据。

（3）解决问题

运用统计软件进行数据分析、信效度检验以及模型假设验证。在数据收集、纯化、检验等系列程序完成的基础上，本书最后深入分析数据结果，给出理论阐释。在数据分析结果的基础上最终形成研究结论，阐述理论贡献和实践建议，给出未来研究展望。

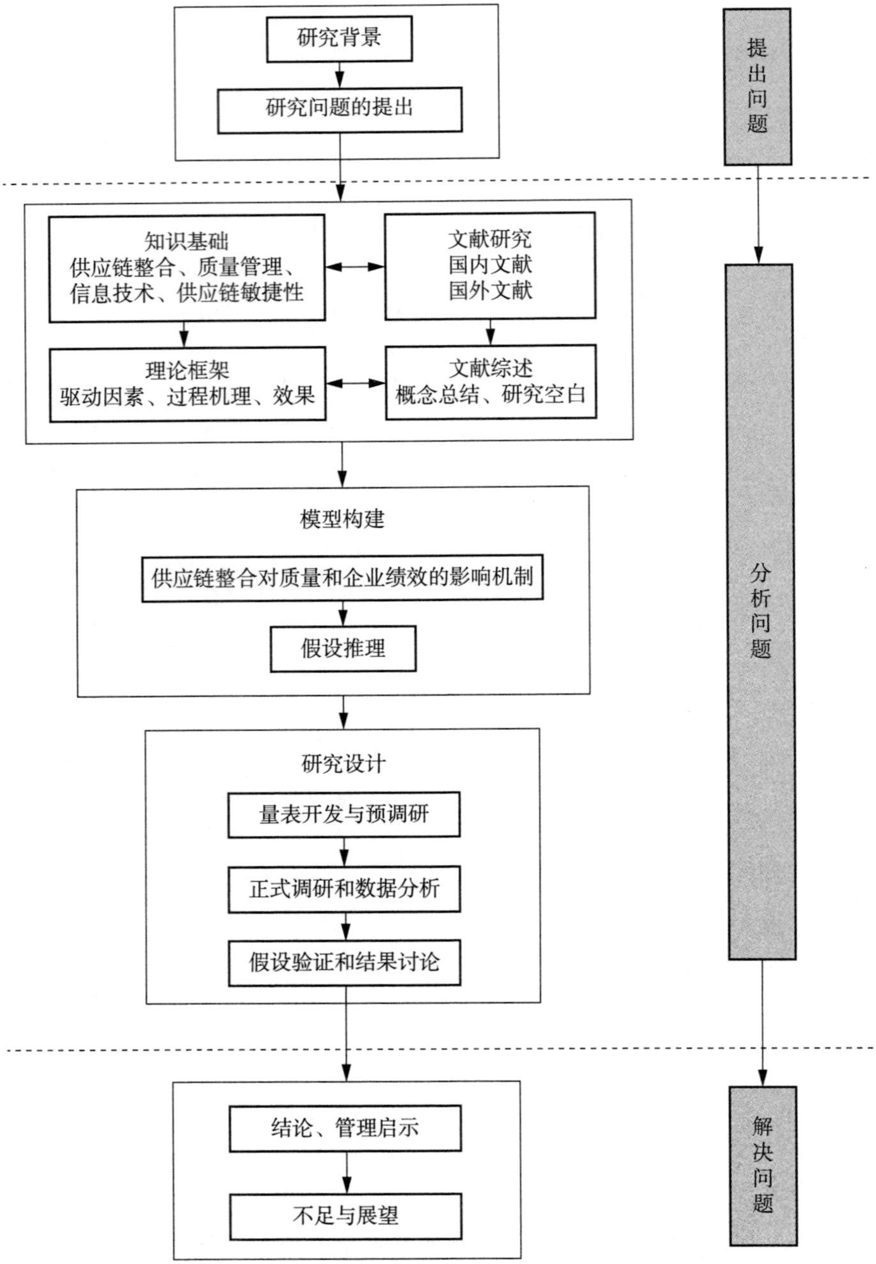
研究背景
研究问题的提出
提出问题
知识基础
供应链整合、质量管理、
信息技术、供应链敏捷性
文献研究
国内文献
国外文献
理论框架
驱动因素、过程机理、效果
文献综述
概念总结、研究空白
分析问题
模型构建
供应链整合对质量和企业绩效的影响机制
假设推理
研究设计
量表开发与预调研
正式调研和数据分析
假设验证和结果讨论
结论、管理启示
不足与展望
解决问题

图 1-3　技术路线

1.5　研究创新点

第一，研究视角的创新。以质量管理为逻辑起点研究信息时代环境下供应链整合对质量管理以及企业绩效的影响机制。本书主要从质量管理视角来分析整合对绩效的影响机理，这在以往研究对象中较为鲜见，在研究对象上具有创新性。目前，大部分关于供应链整合与绩效的研究往往无视质量要素的作用，缺乏用更加开阔的眼界来认识供应链管理的绩效表现。鉴于供应链整合的最终目的是满足客户需要，本书认为，企业管理者应当放更多注意力在多样化的绩效标准上，并通过管理各个绩效在供应链上的竞争优先级来达到满足客户需要的目的。本书的研究试图呼吁管理者转换思路，拟通过强调新的变量——质量管理，为管理者进行供应链管理变革提供新的管理理念和依据。

第二，研究内容创新。以动态能力理论及快速平稳理论为基石，创造性地建构了信息化技术环境下能够细致剖析供应链整合对企业绩效产生影响的内在机理的理论解释框架。本书通过划分供应链整合的范围——供应商整合和客户整合，并提出两种质量要素——流程质量和产品质量，重新审视和建构了供应链整合对企业绩效的影响路径，在研究内容上较以往研究视角更能深度解析其作用机理。本书试图通过寻找新的理论视角，通过分析质量在供应链整合与企业绩效之间的中介作用，进一步厘清供应链整合对企业绩效产生影响的“理论黑箱”。本研究引入信息技术能力和供应链敏捷性作为调节变量，深化了理论模型。

第三，理论创新。本书系统定义了供应链整合的概念定义、特征，对于厘清其概念边界、明确其内涵范围具有一定的理论意义。本书构建了供应链整合研究的理论分析框架，为后来者提供了供应链整合研究的思路和有力工具。本书提出了供应链整合影响质量和绩效的理论模型，解析供应链整合对企业绩效产生影响的背后机理，对质量管理理论在供应链管理和信息化背景下的延展和应用具有一定的理论贡献。

1.6 本书整体结构

本书共分 7 个章节展开：

第 1 章，绪论。

本章介绍全书的研究背景、研究意义、研究内容、研究方法与技术路线，研究创新点以及本书整体结构。

第 2 章，相关概念与理论基础。

本章主要对供应链整合进行综述，阐述供应链整合的定义、特征、驱动因素、过程机理与效果，建立全书总体的理论分析框架。

第 3 章，文献综述。

本章在第 2 章基础上对供应链整合与质量管理的相关文献进行梳理，分析国内外关于供应商整合与客户整合的相关文献，对国内外关于信息系统与供应链整合的文献进行整理，对国内外供应链敏捷性与供应链整合的文献进行系统归纳分析，最后对供应链整合与企业绩效的相关文献进行分析。

第 4 章，研究假设与理论模型。

本章的研究框架包含四大部分，分别是供应链整合、质量管理、信息技术能力以及供应链敏捷性。具体而言：首先，构建供应链整合对企业绩效产生影响的主体路径，分别提炼供应商整合、客户整合对企业绩效的影响机制；其次，翔实解析流程质量和产品质量对供应商整合以及客户整合与企业绩效之间的中介作用机制；再次，深度分析流程质量对供应商整合和客户整合与产品质量之间的中介作用机制；复次，揭示信息技术能力分别对供应商整合与流程质量、供应商整合与产品质量、客户整合与流程质量以及客户整合与产品质量等多组变量间的调节效应；最后，揭示供应链敏捷性分别对供应商整合与流程质量、供应商整合与产品质量、客户整合与流程质量以及客户整合与产品质量等多组变量间的调节效应。

第 5 章，变量测量与预调研分析。

本章主要包括问卷设计、数据收集、问卷分析工具、问卷分析方法等内容。同时，利用探索性因子分析问卷基础统计数据并进行问卷信度与效度的检验，其中包括了问卷无影响偏差分析、正态性检验、描述性统计分析、信度检验与效度检验等相关研究内容。

第 6 章，正式调研与假设检验。

本章首先对调研的方式、调研地点以及问卷回收数量做了介绍；其次分析了正式调研问卷的样本总体结构；再次利用结构方程模型对正式调研问卷进行了验证性因子分析；最后利用多元回归方法对本研究涉及的主要理论假设进行了实证检验，并据此得出了实证检验结果。

第 7 章，结论与展望。

首先，在前几章的基础上，利用本研究的实证检验结果，分析和提炼了本研究的主要研究结论；其次，基于研究结论进一步分析了本研究的主要贡献；再次，基于研究结论提炼了本研究的管理建议；最后，基于全文分析本研究的不足之处，并据此提出未来研究展望。

第2章 相关概念与理论基础

本章主要介绍了供应链整合的概念、特征，供应链整合的驱动因素，供应链整合的过程机理以及供应链整合的结果。

2.1 供应链整合的概念及特征

2.1.1 供应链整合的定义

整合的概念逐渐被学术领域认为是供应链管理的核心概念。Lambert 和 Cooper（2000）对供应链管理的定义印证了供应链整合概念在供应链管理中的核心地位。Li 等（2006）认为供应链管理是企业跨越组织边界，与外部的供应商和客户进行整合，并以此为竞争战略追求运营绩效和财务绩效。Donk 和 Van（2005）对供应链整合的内涵与方法进行了研究，认为跨企业边界协作是增进供应链绩效，保持优异绩效的关键因素之一。Richey 等（2010）认为对流程从采购到制造再到分销的整合是实施供应链管理的前提。Vijayasarathy（2010）也认为在企业内部以及跨企业边界的流程整合是供应链管理的本质内容。例如，通过流程整合，信息和知识在供应链伙伴之间进行共享，供应链伙伴更易于防范受牛鞭效应影响而产生的供应链中断（Lee et al.，1997）。因此，成功的企业管理实践应当从塑造优秀的职能能力转变为将企业活动整合融入战略性的供应链管理流程（Themistocleous et al.，2004）。

虽然“整合”被供应链管理领域认为是核心概念，但是学术界对整合的定义并不一致，对于“整合”的内涵也并没有达成共识（Kim，2013；

Chang，2014；Lotfi et al.，2013）。目前学术界对供应链整合与绩效的研究结论不一，甚至大相径庭。究其原因，主要是学术界对于整合的概念界定不一，对整合内涵的认识不同，继而运用的研究方法和测量工具存在差别，进而导致研究结果不一致。本书认为，对整合概念的清晰界定是研究其与绩效关系的前提和基础。所以，有必要在研究开始之前就对整合的定义和内涵做出清晰的界定。

20 世纪 70 年代，Lambert 等（1978）提出通过配送活动的整合，能够降低企业的总成本，改善客户服务，减少部门间的冲突，据此提出了“integrated physical distribution management”（物流管理整合）的概念。此后，学术界对供应链整合这一概念的关注日趋增多。

Bowersox 和 Morash（1989）认为供应链整合是指供应链伙伴间的合作互动，以及各个成员企业内部部门间的跨职能协作。Pagell 等（2004）认为供应链整合是企业职能部门内部的互动与合作过程，通过合作，实现各方满意。Chandra 和 Kumar（2001）认为供应链整合是对信息和物料流以及工厂运作进行管理与协调，并以纺织行业为例，提出了基于供应链整合的系统方法与模型。Swink 等（2007）从价值链的视角重新定义了供应链整合，着重强调战略目标、流程知识的共享。Power（2005）对供应链管理整合与实施的文献进行了梳理，认为供应链整合涉及沟通、协作、联盟与合作，以及跨组织边界的核心流程整合等内容。Flynn 等（2010）认为供应链整合是基于低成本、快速实现客户价值最大化的目标，企业采取与供应链成员开展战略合作的方式，对企业内外部的运营流程进行整合优化，全面提高企业服务、产品流、资金流和信息流形成的效率和质量。

另有部分学者认为，供应链整合的概念其实隐含在供应链管理中。Cook（1997）认为供应链管理就是对所有与组织有关的活动（比如从原材料供应到分销至终端客户）的协作与整合，以获取持续的竞争优势。Lummus 和 Vokurka（1999）运用了非常相似的术语来定义供应链管理，他们认为供应链管理就是把所有相关活动成功地整合，以此形成一个无缝连接的流程。这些活动包括原材料和零部件的采购、生产加工、制造、储存、分销和配送，以及必要的全流程信息系统管理。根据 Lambert 和 Cooper（2000）的解释，供应链管理是对从初始供应商到终端客户的所有关键商业活动的整合，以此为客户和利益相关者提供具有附加价值的产品和服务。Handfield 和 Nichols（2002）、Cooper 等（1997）学者也提出了相似的定义。

供应链整合（SCI）是供应链管理（SCM）研究领域的重要研究内容（符少玲，2016），国内学者对供应链整合的概念也进行了研究。李兴厚（2000）在他的研究中指出，供应链整合是核心企业运用现代化信息技术，打破企业边界壁垒，分别与供应商和客户合作互动的过程。通过信息整合与业务流程整合，使信息流、物流、资金流、商流在供应链成员伙伴间无障碍高效传递和共享，达到降低成本、提升效率、创造共赢的目的。霍佳震和隋明刚（2002）认为，供应链整合类似于建立一个虚拟性的合作与协调机制，通过这个机制实施信息共享、流程整合，提升组织绩效。倪文斌和张怀修（2010）从范围、层次和强度三个维度对供应链整合做出定义，强调不同企业应根据自身不同情况选择适合自己的供应链整合要素。谢亮（2016）认为供应链整合是一种企业运作战略，环境不确定性会对供应链整合造成正向影响，据此构建了二者的影响关系结构图。蕙嘉琳（2017）提出进行现代化的供应链整合是一项系统工程，调查显示，目前，国内只有7%的企业高管认为其所在企业为“工业4.0”做好了准备，即实现了供应链的全面整合。

关于供应链整合的具体定义，Romano（2003）把供应链整合定义为跨越企业内外部组织边界的支持商业流程活动的一种机制。Cagliano 等（2006）认为供应链整合是一种严格的合作机制，要求实现无缝化、相互联系的内外部跨边界商业流程。Bagchi 等（2005）认为供应链整合是在战略、战术以及操作层面上对供应链网络成员的一种综合性协作活动。以上的定义着重强调在战略、战术及操作全层面对商业流程进行计划与整合。其中，操作层的协作只对运营绩效产生作用，而战略层的协作对运营绩效和战略绩效都产生效用（Premus and Sanders，2008）。Zhao 等（2011）认为供应链整合是指通过企业与供应链伙伴开展战略合作，整合并优化企业内部和外部的运营流程，提高企业产品、服务、资金流和信息流的流动效率，最终实现客户价值最大化的一种行为。

通过以上的文献回顾可以得到如下的初步结论：关于供应链整合概念的研究纷繁多样，学术界一直没有一个统一的定义。但是，从前人的研究中不难发现，虽然学者们对供应链整合所下的具体定义各不相同，但都或多或少提到过信息流、物流、业务流程、资金流等内容，以及内部跨职能、外部与供应商合作、与客户合作、建立伙伴关系等活动。若要对供应链整合做出维度刻画，即从各方面对供应链整合加以描述，可以按照整合的领域或内容、整合的范围或对象这两个维度进行划分。整合的领域或内容这一维度主要包括信息的共享、物流管理、资金、业务流程的改进与协调等内容；整合的范围或对象这一维度主要包括企业内部各个职能部门的跨职能协作，以及外部与供应商和客户的整合与协作等内容。利用维度刻画，供应链整合的相关定义就显得有章可循。

本书认为，清晰的供应链整合定义是研究供应链整合与绩效关系的基础，因此，有必要对供应链整合的定义和内涵做出清晰的阐释。由于目前并不存在公认的对供应链整合下定义的方法，本书通过对前人文献的归纳总结，概括出了一个比较综合、包含整合各个领域与范围的定义，具体如下：

供应链整合涵盖组织内部各职能部门之间以及外部与供应链伙伴之间的战略层、战术层以及操作层的所有活动，涉及相应的物流、信息流、资金流、业务流管理等内容。通过协调从原材料供应环节开始的企业内外部关键活动，形成一个无缝连接的合作机制。供应链整合以客户满意为导向，通过持续地改进运营和管理流程，与供应链伙伴一起创造附加价值，共同提供产品和服务，最终实现以最低的成本和最快的速度满足终端客户的需要的目的（Frohlich and Westbrook，2001；Chen and Paulraj，2004；Flynn et al.，2010）。

2.1.2 供应链整合的特征

(1) 以客户为中心实现需求快速响应

以客户为中心，实现需求快速响应，已经逐渐从一种管理理念转变为现代制造业和供应链管理的核心任务。在当前高度竞争和变革迅速的市场环境下，企业如果想要保持竞争力并持续成长，就必须密切关注并满足客户的需求。

为了满足客户的期望，企业不能仅停留在表面的服务和产品上，更需要深入挖掘客户的真正价值和需求。这意味着，从产品的研发、生产到最终的交付，每一个环节都需要紧紧围绕客户的实际需求进行。为此，企业需要精心设计供应链服务，确保每一个环节都能够提供高效、高质量的服务。同时，整合供应链流程和职能也是至关重要的。传统的供应链管理模式往往存在着部门之间有信息壁垒、沟通不畅等问题，这大大影响了对客户需求的响应速度和服务质量。通过构建一个以需求快速响应为核心的供应链，企业可以大大提高对市场的敏锐度和反应能力。

与此同时，以客户为中心的理念还特别强调互动和体验在销售转化中的关键作用。现代消费者不只关注产品或服务本身，他们更在意购买过程中的体验和感受。在供应链整合过程中，企业必须摒弃过去那种只追求规模经济的思维，转而注重服务和柔性、过程和体验。通过端到端的整合，企业可以快速地满足消费者多样的需求，为他们创造更大的价值。数据显示，那些注重互动和体验的企业在销售转化率上比传统企业高出近 30%，这足以说明互动和体验在现代供应链管理中的重要性。

为了更加快速和精准地满足客户需求，企业还需要建立一套客户需求快速响应的机制。这要求企业不仅要善于听取客户的声音，更要重视他们的每一个诉求，包括对安全、生态、绿色的质量诉求，以及便捷化、个性化的购买诉求。企业需要建立起一个高效的信息传递、接收和反馈通道，确保客户的每一个声音都能够被及时捕获并得到有效响应。通过加强与客户的沟通合作，企业可以使供应链网络更加敏捷，能够快速响应市场的每一个变化。

这种以需求为中心的供应链整合不仅可以大大提高客户满意度，还可以为企业带来三个重要的价值：精准营销、准确的供应链计划和高质量的个性化服务和体验（赵晓飞，2022）。通过精准营销，企业可以更加准确地锁定目标客户，提高营销效率；通过准确的供应链计划，企业可以大大减少库存积压和浪费，提高运营效率；而通过高质量的个性化服务和体验，企业可以为客户创造更大的价值，从而增强客户黏性和忠诚度。

总的来说，以客户为中心实现需求快速响应已经不仅仅是一个管理理念，而是现代制造业和供应链管理的关键任务。企业需要紧紧围绕客户价值和需求，精心设计供应链服务，整合供应链流程和职能，构建一个以需求快速响应为核心的供应链。这不仅可以大大提高企业的竞争力和市场占有率，还可以为客户创造更大的价值，实现企业与客户的双赢。

（2）以技术应用为手段实现成员间信息共享

供应链整合并不仅仅是将各个供应链成员简单串联起来的过程，而是需要每个成员紧密协作、无私分享资源并同心协力的复杂过程。在这个过程中，新一代信息技术的运用显得尤为关键。这些先进技术使供应链成员能够实时管理上下游模块的数据，这不仅大大提升了供应链的透明度，还使得企业能够在瞬息万变的市场环境中迅速捕捉并响应消费需求。

消费需求千变万化，企业如何能够稳准狠地满足这些需求呢？解决之道在于：倡导并推动以信息技术为媒介的跨部门、跨组织协同合作和数字化交融。这种协同合作的方式有力地促进了供应链各个环节之间信息的高效流通与共享，从而使得产品能够在多种渠道和全方位路径下实现可视化、可销售、可发货和可退货。

新一代信息技术如物联网、大数据、云计算等在供应链整合中发挥着重要的作用。例如，物联网技术可以对农产品进行实时追踪和监控，获取宝贵的数据，使供应链实现可视化，有助于我们及时察觉问题并采取相应的对策。同时，大数据分析能够深入挖掘消费者的购买习惯和偏好，为企业量身打造更加精准的营销策略。而云计算技术的应用则可以实现供应链的信息共享和协同工作，最大限度地提高整体运作效率。

此外，新一代信息技术还有助于推翻传统供应链中由于信息不对称所导致的单向线性组织模式。例如，利用区块链技术可以建立坚固的信任机制，确保数据的真实性和安全性。同时，人工智能技术的应用可以实现自动化决策和智能化管理，显著提高供应链的响应速度和精准度。物联网技术则可以实现对设备的远程监控和维护，从而优化设备的利用率并降低运营成本。

总的来说，新一代信息技术在供应链整合中发挥着举足轻重的作用。它们的广泛应用不仅能够消除各个渠道之间的障碍，提升供应链的透明化程度和反应速度，还能够彻底改变传统供应链的组织结构和管理模式。更为重要的是，这些技术的融合应用有力地推动了企业的数字化转型和创新升级，使其能够更好地驾驭市场的变化和满足消费者的个性化需求。

（3）以协同合作为手段实现一体化运营

实现供应链一体化运营已成为现代企业追求卓越、保持竞争力的核心任务。在全球化和数字化交织的复杂商业环境下，企业不仅需要迅速适应市场变化，还需高效整合内外部资源以应对不断变化的客户需求。供应链成员间的协同与合作作为一种先进的管理策略，正是解决这一系列挑战的关键所在。

供应链协同的核心在于打破传统的、孤立的运作模式，将产能、原材料供应、各渠道库存等各个环节紧密地连接在一起，形成一个高度集成和协同的运作体系。这不仅意味着信息的实时共享和流动，更要求各方在共同的目标下深度合作，确保资源的最大化利用。

具体来说，供应链协同首先能够帮助企业精准匹配产能和原材料供应与市场需求。例如，利用先进的数据分析技术，企业可以预测未来的销售趋势，从而提前调整生产计划，确保原材料供应的稳定性和成本效益。这不仅大大降低了产能过剩或不足的风险，也使得生产和销售之间实现了真正的无缝衔接，提高了整体运营效率。

此外，供应链协同与合作还能够推动企业实现商流、物流、信息流的高效畅通。在传统的供应链模式下，各个环节往往存在信息断层和沟通障碍，导致资源的浪费和效率低下。而通过协同管理，企业可以优化业务流程，实现数据的实时共享，以及智能协作，从而确保供应链各个环节的信息流畅通无阻。这不仅提高了决策效率和响应速度，也使得企业能够更快速地响应市场变化和客户需求。

特别是在当下强调 O2O 线上线下一体化发展的背景下，企业越来越依赖先进的信息技术平台来实现各个业务系统的对接集成。通过数据共享和协同采购、协同生产、协同物流等方式，企业不仅可以实现资源的优化配置，还可以推动全渠道供应链的一体化运作，提升整个供应链的运营效率。这意味着无论是线上还是线下渠道，企业都能够提供一致、高效的服务，满足消费者的多元化需求。

总的来说，供应链协同不仅是一个管理策略，更是一种前瞻性的商业思维。它要求企业摒弃传统的、孤立的运作方式，转向高度集成和协同的运作模式。通过实现供应链一体化运营，企业不仅可以提高生产效率、降低成本、快速响应市场需求，还能够构建更为稳健和可持续的竞争优势。尤其在数字化和全渠道发展的大趋势下，供应链协同将成为企业成功的关键因素之一。

2.2　供应链整合的驱动因素

本书旨在深入研究供应链整合与企业绩效之间的关系，并探讨其影响因素、过程机理以及作用效果。通过系统性的分析，我们期望能够清晰地阐述供应链整合的来龙去脉，理解这一核心概念在企业运营中的重要地位。

首先，我们要深入探究的是影响供应链整合与企业绩效关系的因素。这些因素主要包括市场需求的变化、市场竞争的激烈程度以及信息技术的进步。在市场需求快速变化的环境下，企业需要迅速对市场动态做出反应，这促进了供应链整合的需求。市场竞争的加剧也推动企业通过优化供应链管理来获取竞争优势。此外，信息技术的迅猛发展为企业提供了更高效、精准的管理工具，进一步推动了供应链整合的实施。

其次，我们进一步分析供应链整合的过程机理。这个过程主要是以客户为中心，对企业内部组织架构、业务流程、信息技术和物流资源等进行全面整合。通过组织与业务流程的再造，企业能够优化内部运作，提高工作效率。信息技术与信息系统的整合则有助于实现信息的快速流通和数据的精准分析，从而提高决策质量。物流与营销等资源的优化配置，则确保了企业能够快速响应市场需求，提升客户满意度。

最后，我们来探讨供应链整合对企业绩效的作用效果。通过有效的供应链整合，企业能够更加迅速地响应市场变化，提高运营效率，降低成本，从而提升整体绩效。此外，供应链整合还有助于提升企业的质量管理水平，进一步提高企业的市场竞争力。

本书从动态能力理论（Dynamic Capability Theory，DCT）的角度出发，建立了理论分析框架（如图 2-1 所示），下面的章节将依照此框架具体阐释各部分的内容。

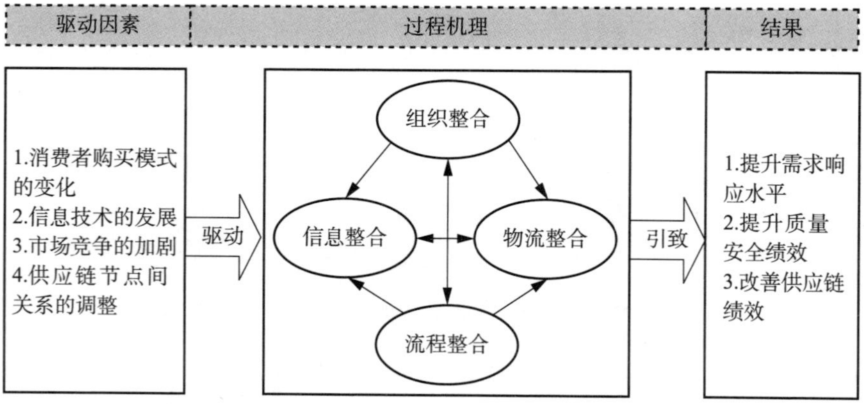

图 2-1　理论分析框架

2.2.1　消费者购买模式的变化

传统的消费者购买模式，如 AIDMA 模式，即“引起注意、产生兴趣、培养欲望、形成记忆、促成行动”，随着互联网和移动社交媒体的日新月异，已经开始向网络化的AISAS模式和ISMES模式迁移。其中，AISAS模式，即注意（Attention）、兴趣（Interest）、搜索（Search）、购买（Action）和分享（Share），强调了购买过程中的主动性和互动性，表现为消费者在任何时间、任何地点都可以进行购买，并且购买行为已经从被动接受广告或推销转变为主动搜索、比较、评估和分享购买体验。ISMES模式，即兴趣（Interest）、搜索（Search）、移动支付（Mo-payment）、体验（Experience）和分享（Share），则进一步强调了购买后的体验和分享，将消费者的体验视为购买过程的一部分，消费者可以随时分享他们的体验，从而影响其他潜在消费者的购买决策。

首先，这种转变体现在消费者购买行为的“社会化”。社交媒体时代的消费者不仅是产品的购买者，更是信息的生产者和传播者。他们通过社交媒体平台进行交流，分享购物体验，塑造网络口碑，这无疑对企业的品牌形象和营销策略提出了新的挑战。企业需要与消费者建立多元化的互动关系，从单纯的产品销售者转变为全面用户体验和服务的提供者，以适应这种新的购买模式。

其次，消费者购买行为的“本地化”在移动互联网的推动下越发显著。消费者能轻松地获取地理位置信息，从而基于位置搜索附近的消费场所，以及获取便捷的行车路线等。这种本地化的购物行为推动企业建立以本地化为主导的供应链运作模式，企业需要更加注重地域差异，了解不同地区的消费习惯和需求，以提供更贴心、更接地气的产品和服务。

再次，消费者购买行为的“移动化”在智能手机和社交平台的普及下越发凸显。消费行为变得越来越移动化，消费者可以随时随地通过手机进行购物，享受便捷的在线支付和快速的物流配送。这种移动化的购物行为推动企业建立“体验+营销”双向螺旋的供应链服务体系，企业需要提供优质的在线购物体验，包括简洁的界面设计、快速的配送服务、完善的售后服务等，以满足消费者的即时性需求。

最后，网络环境下消费者购买行为的“主动性”得到前所未有的强化。消费者的个性化特征越发明显，他们不再是被动地接收信息，而是主动地寻找自己需要的产品和服务。这促使企业越发重视个性化的供应链体系建设，从消费者的需求出发，提供定制化的产品和服务，以满足消费者的个性化需求。

总的来说，消费者购买模式的变化正在推动着供应链体系的变革。这种变革要求企业以更开放的心态接纳消费者作为信息生产者和传播者的角色，充分利用本地化和移动化的趋势，以及尊重和满足消费者的个性化需求。企业需要适应这种变化，不断地优化和完善自己的供应链体系，以更好地满足消费者的需求并提升市场竞争力。

2.2.2 信息技术的促进作用

随着科技的快速发展，信息技术已渗透到各个领域，为我们的生活和工作带来了前所未有的便利和效益。信息技术的发展在当今时代对企业产生了深远的影响，特别是推动了企业与企业之间的信息共享和协同运作。这一变革使得供应链管理变得更加高效，为供应链整合提供了更加便捷和可行的路径。

信息技术的发展推动了大数据、云计算、物联网等先进技术的应用，为企业间的信息共享提供了强大的支持。企业可以借助这些技术，实现信息的实时传递和共享，打破了传统信息传递的限制，提高了信息传递的速度和准确性。这使得企业能够更好地了解供应商、客户等合作伙伴的需求和状态，更好地预测市场变化，从而做出更加明智的决策。

同时，信息技术的发展也推动了企业间的协同运作。通过云计算等技术，企业可以实现资源的共享，与其他企业共同完成项目或任务。这不仅提高了资源的利用率，降低了成本，还促进了企业间的合作与交流，增强了整个供应链的竞争力。

在信息技术发展的推动下，供应链管理变得更加高效。企业可以实时监控供应链的运行状态，及时发现和解决问题，确保供应链的稳定和高效运作。同时，通过数据分析等技术，企业可以更好地了解市场需求和趋势，提前做出预测和规划，从而更好地满足客户需求。

信息技术的发展也推动了消费者购买模式的进一步变化。其中，移动互联网技术、基于位置的服务（LBS）和大数据等新技术的应用为客户整合提供了支撑。

首先，移动互联网技术的应用使得基于网络的产品消费得以全面实现。消费者可以随时随地通过移动设备进行在线购物，从而改变了传统的消费方式，大大提高了消费体验。这种变革不仅体现在购物的便利性上，还为消费者提供了更多样化的选择，使得购物过程变得更加个性化。消费者可以随时随地浏览商品、下订单、支付，并获得及时、高效的物流配送服务。这种在线购物的便利性，使得消费者可以更加灵活地安排自己的时间和地点，更加便捷地获取所需商品和服务。

其次，LBS 技术的应用为供应链带来了精准营销的能力。通过收集和分析大量的位置数据，企业可以在合适的时间、地点和场景，将合适的产品信息推送给合适的消费者。这种基于数据画像和热/冷数据投放的营销方式，能够更好地满足消费者的需求，提高营销效果。例如，商家可以通过分析消费者的移动轨迹和停留时间等信息，了解消费者的兴趣爱好和消费习惯，从而精准推荐商品和服务。这种个性化推荐的方式，不仅能够提高消费者的满意度和忠诚度，还能够增加企业的销售额和市场份额。

最后，大数据技术与供应链的深度融合，使得供应链运营更加智能化和高效化。通过大数据分析，企业可以实现对用户的清晰描述和精准划分，对需求的精准预测，对资源的有效获取，以及对信息的高度共享。这不仅能够提高企业的决策效率和准确性，还能够优化产品库存结构、仓储布局、运输路线和物流配送方案，进而提高产品物流效率。例如，企业可以通过分析历史销售数据和其他相关信息，预测未来的销售趋势和需求变化，从而提前做好库存管理和物流计划。这种智能化运营的方式，不仅能够减少库存积压和物流成本，还能够提高企业的整体效率和竞争力。

综上所述，现代信息技术的应用为供应链运营注入了新的技术手段。这些技术手段不仅极大地促进了成员间信息的互联互通与协同运作，还提升了供应链的透明化和可视化程度。通过这种方式，企业可以更好地了解市场需求和消费者行为，优化资源配置，提高运营效率，从而推动全渠道供应链的整合和发展。在这个信息化时代，企业需要不断关注新技术的发展和应用，以不断提升自身的供应链管理和运营水平，实现持续增长和竞争优势。

2.2.3 外部竞争的加剧

随着消费需求的不断升级，产品市场的竞争变得越来越激烈。在这种背景下，对于供应链的评价已经不能再仅仅局限于成本和效率指标，而是应该更加关注供应链的供应质量和整体服务水平，以及供应链整体的响应速度和敏捷性。为了更好地满足消费者日益增长的个性化需求并扩大市场份额，企业必然会加速对传统供应链的整合和重构。

在整合和重构过程中，企业将以消费者需求为中心，构建关键流程，推动传统供应链向全渠道供应链转变（丁静和王苗苗，2021）。供应链整合不仅有助于提高供应链的响应速度和运行效率，更能有效地减少产品供需之间的不匹配和不同步现象。例如，通过实施精准的库存管理策略，企业可以实时掌握市场需求信息，及时调整生产计划和物流计划，降低库存成本和缺货风险。同时，通过采用先进的供应链管理软件和数据分析工具，企业可以提高供应链的透明度和可预测性，更好地应对市场波动和不确定性。

通过提高供应链的响应速度和敏捷性，企业可以更快地适应市场变化，更好地满足消费者需求，提升客户服务价值，从而吸引更多的客户资源。例如，在消费者需求不断变化的市场环境中，企业通过建立快速反应机制和灵活调整生产计划，可以及时推出符合市场需求的新产品和服务，提高市场占有率和客户满意度。同时，通过与供应商和物流服务商建立紧密的合作关系，企业可以实现资源共享和优化配置，提高整体运营效率。

此外，全渠道供应链还可以为企业提供更多的销售机会和渠道，拓展市场份额，提高企业的竞争力和市场地位。例如，通过开展线上和线下融合的销售模式，企业可以拓宽销售渠道，增加销售收入，同时提高品牌知名度和客户黏性。在服装领域，Zara 巧妙地融合了线上与线下渠道，构建出一条快速反应供应链。以消费者需求为出发点，它们及时捕获市场动态，把握流行趋势，迅速推出新品。这种策略使得 Zara 在全球市场的占有率逐年上升，并成功跻身于全球最大的服装零售商之列。

通过整合线上线下渠道，Zara 实现了全方位的商品展示和便捷的购物体验。消费者可以在实体店试穿心仪的服装，或在线上浏览丰富的款式。这种模式不仅提供了更多的购物选择，还使得 Zara 能够更加精准地满足消费者的需求。

在供应链管理方面，Zara 凭借其高效的信息系统与物流网络，确保了商品的快速流通。一旦获得市场反馈，它们便能迅速调整生产计划，将新品迅速推向市场。这种敏捷的反应机制使得 Zara 在竞争中保持领先地位，也为其带来了巨大的商业成功。

总之，Zara 的成功源于其对消费者需求的敏锐洞察、线上线下渠道的整合以及高效供应链的管理。这些策略不仅为 Zara 带来了市场份额的提升，也为其赢得了全球消费者的广泛喜爱和信赖。

综上所述，面对消费需求的持续升级和市场竞争的加剧，企业必须加速对传统供应链的整合和重构，以消费者需求为中心，构建关键流程，推动传统供应链向高质量、快速响应的一体化供应链转型。这一转型不仅可以提高企业的响应速度和运行效率，更能提升客户服务价值，吸引新的客户资源，最终优化供应链的整体绩效。

2.2.4　供应链节点间关系的调整

在产品的流转中，供应与需求的节点成员在持续的交易里形成了一种复杂的协作竞争关系，我们称为供应链节点间关系。当前，我国供应链中的各节点成员各自为政，关系松散，信息交流受阻，协同性差，导致无法满足一体化模式下消费者需求的迅速变化。

为了应对这一挑战，企业需要遵循一体化发展的需求，对供应链节点间关系进行调整。具体来说，将原本松散、随机的买卖关系转化为长期稳定的战略合作关系，从而改善供应链对需求变化的响应速度。这种关系的调整既可以发生在企业与客户之间，也可以发生在企业与供应商之间。

以农业企业与客户之间的战略合作关系为例，通过建立这种关系，农业企业能够及时获取农产品的需求信息反馈，从而更深入地理解客户需求并做出精准判断。同时，农业企业还可以从组织创新、客户洞察、流程再造等方面实现资源配置与客户需求的最佳匹配，进而增强企业应对需求变化的能力。例如，某农业企业与大型零售商之间建立了战略协作关系，通过共享销售数据和市场需求预测，成功地将其产品线与零售商的销售数据进行对接。这不仅提高了产品的流通速度，降低了库存成本，还使农业企业能够更精准地把握市场需求，从而调整其生产计划和农产品种类。

同时，农业企业与供应商之间也可以通过建立产销联盟，确保供应商在种植、养殖和初步加工环节充分考虑市场需求，从而提高企业的采购灵活性和市场应对能力。此外，这种联盟还有助于推动农业企业和供应商实现协同运作，在满足市场需求方面采取一致的行动。例如，某农业企业与供应商之间通过共同制订生产计划和分享市场信息，成功地提高了其采购柔性和市场响应能力。同时，供应商也得以更好地理解市场需求，从而优化其生产和初加工环节。这种协同效应使得双方都能更好地满足消费者需求。

总的来说，通过供应链节点间关系的调整，企业可以更有效地应对全渠道模式下快速响应消费需求的挑战。这种关系的调整既可以发生在农业企业与客户之间，也可以发生在农业企业与供应商之间。通过建立战略协作关系和产销联盟等机制，企业可以实现信息的共享、协同运作和资源配置的最优，从而提升整体运营效率和客户满意度。

2.3 供应链整合的过程机理

供应链整合的实质是以客户价值为引导，逆向推动供应链价值创造重构的过程。这一过程以消费需求为主导，以构建供应链生态系统为目标，通过对供应链的组织层面、流程层面、资源层面和信息层面进行深度整合和重构，塑造出一种具有快速响应能力的供应链，并持续推动供应链绩效的优化。为了深入解析这一过程，本书构建了一个供应链整合的理论分析框架（如图 2-1 所示），此框架对供应链整合的驱动因素、过程机理和影响结果进行了剖析，并探讨了它们之间的相互影响关系。

该理论框架主要以动态能力理论（Dynamic Capability Theory，DCT）为理论基础。DCT 认为，动态能力是影响及决定企业竞争优势的关键因素（Grant，1996）。通过培育动态能力，企业可以更好地满足顾客不断变化的需求。从 DCT 的视角出发，供应链整合可以被视为企业通过内部协同以及与供应链合作伙伴的外部协作，提升动态能力的一种手段。这种动态能力有助于企业与供应链合作伙伴形成集成化的业务流程，从而推动供应链绩效的改善。

本书认为，研究供应链整合的过程机理，需要回答以下两个问题：与谁整合（整合的范围），以及对什么整合（整合的领域）。本书将从以上两个方面详细阐述供应链整合的过程机理。

2.3.1　整合的范围

供应链整合是一个多维度的概念，包括内部整合与外部整合（Flynn et al.，2010）。内部整合是指企业将不同部门的战略、流程、行为和实践进行有机整合，形成部门间信息同步、相互合作、便捷管理的组织机制。外部整合则包括供应商整合和客户整合。与供应商的整合涉及信息共享和战略协作，旨在实现双方信息的同步和流程的协同。客户整合则强调企业与下游主要客户进行信息共享和战略协作，将它们之间的信息、流程和行为整合成合作、同步的过程。外部整合重点关注企业间的整合，即企业采取与供应链上下游客户及供应商合作的方式，将不同组织的战略、流程、行为和实践进行有机整合，形成不同企业间信息同步、相互合作、便捷管理的组织机制。

从供应链整合的发展历程看，传统上的供应链整合一开始是从采购、仓储、配送等物流和运营职能中产生的，它的目的是与供应商整合以使信息流和物流在供应链成员间流通得更加顺畅（Tan，2001）。Van der Vaart和Van Donk（2004）认为供应链整合的目标是消除材料和信息的流动障碍。Won等（2007）研究了供应商、内部整合与客户服务绩效之间的关系，认为供应商整合是提高供应链可靠性的最佳策略。Yao等（2007）、Mittal等（2012）通过研究均认为供应链整合对成本的节约主要是通过诸如供应商管理库存（VMI）等协同行动实现的。Van der Vlist等（2007）对供应链整合中的供应商管理库存进行了研究，认为供应商的整合对供应链整合非常重要。很长一段时间内，供应商整合以及相关研究占据了供应链管理领域，主要分布在物流、采购、成本有效性等供应链职能的领域（Trent and Monczka，1998；Wagner et al.，2003；Song and Di，2008）。

随着供应链管理研究领域的演进，尤其从更广阔的运营管理、供应链管理等视角分析供应链管理，供应链内外部整合的概念开始出现并逐渐占据主导位置。Stank等（2001）、Vickery等（2003）、Kannan和Choon（2010）、潘文安（2006）都指出外部整合包括供应商整合（如上游信息分享和决策参与）和客户整合（如下游理解和收集客户的反馈信息）。Stevens（1989）的供应链整合阶段理论中也指出，内部整合的范围仅限于企业内部各职能部门；外部整合是指企业与供应链伙伴之间的整合，整合范围更大。外部整合被看作战略性的方法，与绩效的作用更强烈，是企业在不确定性环境下获取竞争优势的关键活动（Quesada et al.，2008）。外部整合，特别是客户整合，直接影响并促进企业竞争绩效和经营绩效水平的提高（Zhao et al.，2008），因此，外部整合被认为是供应链整合的主要核心内涵。

更多学者指出跨边界的企业外部整合能够提高企业绩效、帮助企业获得竞争优势。Frohlich和Westbrook（2001）认为供应链整合是制造企业把自身运营流程与供应商和客户整合的一系列活动。他们的研究显示，对供应商和客户的整合会对企业绩效产生比其他任何整合都显著的促进效果。Cousins和Menguc（2006）建议企业一直保持与客户和供应商联系，以获取组织间的信息，从而提升企业绩效。Fu-jiang 等（2006）基于国际制造战略调查数据库（IMSS），对供应商选择和整合机制、客户满意度和企业绩效之间的关系进行了研究，数据分析表明，供应商整合和客户满意度对企业绩效有正面影响。Sivadasan 等（2010）研究发现，供应商与客户整合有助于企业处理更加复杂的业务。Lau 等（2010）通过对中国香港 251 个厂家的调查，证实了供应商和客户整合能够直接增加当前的产品性能和产品创新。Danese 和 Romano（2011）对客户与供应商整合进行了研究，发现要想实现供应链效率性能优化需要同时对客户和供应商进行整合。Droge 等（2012）对供应链整合在产品和流程模块化战略中对服务绩效方面的影响进行了研究，认为供应商整合和客户整合对于改善企业服务绩效非常重要。Johansson 和 Möllefors（2013）研究发现，通过客户与供应商的整合，能够显著提升企业创新能力。He 等（2014）研究了供应商整合、客户整合与新产品绩效之间的关系，结果发现，供应商整合和客户整合对新产品的性能有直接影响。Kuo 等（2016）经过研究，认为对于按订单生产的产业来说，客户和供应商整合能够大大提升交货期和价格的柔性。

然而，部分学者认为供应链外部整合并不总能提高企业的绩效。Devaraj 等（2007）发现客户整合与绩效之间没有显著的关系，而供应商整合能够提高企业的绩效。Swink 等（2007）的研究则表明客户整合能够提高企业的绩效，企业与客户整合后，可以更及时有效地与客户沟通交流，了解市场需求信息，调整企业的生产计划、库存战略，提高产品柔性和服务水平，而供应商整合并不必然使企业绩效得到改善。还有部分学者，如赵丽等（2011）认为供应商整合和客户整合并不必然使企业运作绩效得到改善。忽略中西方的文化差异，以及对内、外部整合之间关系缺乏验证，是造成上述研究结论不一致的原因（刘华明和王勇，2017）。

综上所述，本书发现有部分学者认为内部整合对绩效存在正向作用，而研究外部供应商整合和客户整合与企业绩效关系的学者数量更多，但是观点并不一致，有待于进一步地研究。从供应链管理的字面意思可以看出，供应链的主要活动和内涵均是强调与企业边界之外的链上伙伴进行合作与互动，外部供应链管理更具战略性和影响力，更能够影响企业的供应链管理水平，继而影响企业的绩效。据此，本书将供应链整合中的供应商整合和客户整合作为本次研究的核心变量，将研究重点聚焦在企业第一层级供应商和客户的整合上面，研究它们与质量和企业绩效之间的影响关系。

2.3.2 整合的领域

整合的领域回答了供应链中成员之间究竟整合了什么的问题，也就是整合的内容的问题。这些领域是整合的客观对象。供应链整合的目标就是获得通常被广泛认识的绩效，比如成本、效率、质量、速度、精确度、供应链柔性以及敏捷性等。现有研究对于整合领域的划分也表现出了一致性，主要包括组织整合、物流资源整合、信息整合以及业务流程整合。

（1）组织整合

供应链组织整合是指跨越地理、文化、组织边界，在信息技术和信息系统的支持下对供应链各节点企业进行协同管理，以实现资源优化配置、信息共享和效率提升。这种整合方式注重的是各节点企业之间的深度合作与协同，通过消除边界障碍以及建立新的制度和组织结构，促进供应链整体高效运作。组织结构整合指对供应链各节点企业的组织结构进行优化，确保各企业能够高效地完成各自的任务，并与其他企业顺畅协作。这包括对职能部门的设置、岗位职责的明确以及工作流程的梳理等。流程整合指对供应链中的业务流程进行优化和标准化，确保各节点企业能够按照统一的标准和流程进行操作，从而提高整体效率。这包括订单处理、物流配送、信息传递等方面的流程整合。文化整合指在供应链中建立共同的文化理念和价值观，增强各节点企业之间的信任和合作。通过培养相互尊重、互利共赢的文化氛围，促进企业之间的长期合作关系。信息共享平台建设指建立一个集中的信息共享平台，促进各节点企业之间的信息传递和交流。通过如实时共享订单信息、库存状态、物流进度等数据，提高整个供应链的透明度和协同性。供应链的组织整合包括向上游与供应商整合，具体实践如加强和供应商的合作与沟通，确保供应商能够按照统一的标准和要求提供产品和服务。这包括建立供应商评估体系、签订长期合作协议、开展供应商培训等。向下游与客户进行整合，比如进行客户关系管理，建立完善的客户关系管理系统，了解客户需求并及时响应。通过提供个性化的产品和服务，提高客户满意度和忠诚度，促进整个供应链的长期发展。

（2）物流资源整合

在当今的商业环境中，产品的终端销售体系正在经历一场深刻的变革。随着电子商务和实体零售的深度融合，线上线下的界限逐渐模糊。这种趋势促使物流资源，包括仓储、运输和配送等环节，在供应链整合运营中的地位日益重要。为了在这个环境中获得竞争优势，企业必须重新思考和优化其物流策略。

以往，物流可能只是被视为产品从生产到销售的“传递者”，但如今，它已经成为企业运营的核心环节。特别是在满足消费者日益增长的个性化体验需求方面，物流资源的整合和优化已经成为关键。例如，通过智能化的仓储管理，企业可以更精准地预测和满足市场需求，减少库存成本。而高效的配送网络则能确保产品快速、准确地送达消费者手中。

与此同时，新一代信息技术，如大数据、云计算和人工智能等，为企业提供了强大的工具来重新塑造物流体系。通过这些技术，企业可以对海量的物流数据进行深度分析和挖掘，从而更好地预测市场趋势，优化物流路径，提高配送效率。

更进一步地，头部企业应当发挥其领导作用，积极建立基于大数据技术的物流信息服务平台。这样的平台不仅可以整合供应链上的各个环节，提高运营效率，还可以为消费者提供更加个性化、智能化的服务。例如，通过分析消费者的购买习惯和需求，企业可以为其提供定制化的配送方案，甚至预测其未来的购买需求。

让我们用一个案例来说明这个观点。假设有一家电商公司，其在销售一款高端智能手机时，通过大数据分析发现，该手机的消费者主要集中在北上广等一线城市，且这些消费者对于物流配送的速度和质量有着极高的要求。为了满足这些消费者的需求，该电商公司可以借助基于大数据技术的物流信息服务平台，整合仓储、运输和配送等资源，实现上下游环节信息的实时采集、互联共享和一体化运作。具体来说，该电商公司可以利用互联网和大数据技术，实时采集和分析消费者的购买行为和需求，以及不同地区的交通状况和天气情况等信息。然后，根据这些信息，优化物流资源的配置，选择最快的运输方式和最合适的配送时间，以及最为精准的配送地址等。这样，不仅可以提高消费者对购物体验的满意度，还可以降低该电商公司的物流成本和提高其市场竞争力。

总的来说，随着终端销售体系的变革，物流资源的整合和优化已经成为企业成功的关键。通过深度应用新一代信息技术，企业不仅可以提高运营效率，更好地满足市场的多样化需求，还可以推动整个行业的智慧物流体系建设，实现更加可持续的发展。

（3）信息整合

在供应链管理的过程中，信息的整合无疑占据着核心的地位。这包含两个主要的层面：链内信息整合与链外信息整合。

链内信息整合，主要指的是企业对其供应链各个环节交易信息的全面梳理与整合。这不仅仅局限于某一特定的信息，而是涉及采购、生产、物流、质量以及需求等多个方面。通过细致地梳理这些信息，企业可以更清晰地了解自身的运营状况，发现潜在的问题，并据此制定出更为精准的策略。此外，建立企业内部及供应链成员间的信息共享机制和平台是实现链内信息高效整合的关键。这种信息共享不仅提升了企业内部的信息处理能力和协调运作效率，更使得企业能够与供应商共享重要的生产计划、采购计划、质量信息以及需求信息等，进一步增强整个供应链的竞争力。

而链外信息整合，主要聚焦于供应链系统之外的各类信息，如价格、技术以及宏观市场信息等。这些外部信息对于企业来说同样至关重要，因为它们能够为企业提供更广阔的市场视野和决策依据。对这些外部信息进行系统的收集、加工、处理与共享，并将其与链内信息完美融合，有助于企业更精准地把握市场动态，降低交易成本，推动供应链实现纵向一体化。

为了达到这一目标，企业需要积极地拓展数据资源的收集与整合。这意味着从数据的产生、收集、存储、分析到共享等各个环节，都应做到无缝衔接。通过这种方式，企业能够更好地理解市场需求，实现以需定产、以产定销的精准运营模式，从而在激烈的市场竞争中保持领先地位。

供应链整合的首要目的是促进信息和物流在整条供应链之中的顺畅流通。学者们最初认为供应链是采购和物流职能的集成，所以供应链管理的概念主要是指物流的整合（Tan，2001），也可以说是一种配送和物料管理的战略方法。供应链管理的主要任务就是平衡库存成本和客户服务水平。所以，供应链管理的主要绩效表现就是降低成本、提升配送速度和可靠性、提高客户服务水平（Boon-itt and Paul，2005）。而后 Frohlich 和 Westbrook（2001）提出，整合的概念应当包括在供应链中对物流和配送等活动中产生的信息和物流进行合作式的管理。他们的理论强调把信息共享贯穿于计划、生产加工以及库存的各个环节。Van der Vaart 和 Van Donk（2004）总结了整合的主要领域，认为“整合”应当包括物质资料的流通、计划和控制、组织、信息流通以及生产过程。鉴于供应链是一条依靠信息驱动、通过物流服务于顾客的物质资料链（Cagliano et al.，2006；Van Hoek，1998；Nguyen and Harrison，2004；Nurmilaakso and Kotinurmi，2004；Bagchi et al.，2005；Stevenson and Hendry，2007；Li et al.，2009），本书认为，整合的主要领域应首先包含物流整合和信息整合。

（4）业务流程整合

有相当一部分学者以流程的视角研究供应链整合，他们认为，为了更好地实施供应链管理，所有供应链中的成员都必须跨越自身的组织边界，并采用一致的流程方法。这种一致性不仅有助于提高供应链的整体效率，还有助于增强供应链的稳定性。

在众多研究中，Lambert 和 Cooper（2000）的观点尤为突出。他们强调，为了实现供应链的高效运作，成员之间必须形成一致的流程方法。这些关键流程不仅涉及日常运作，还包括与供应商和客户的关系管理、需求预测、订单处理、物流管理等。每一个环节都与整体供应链的绩效息息相关，因此，对每个环节的优化和整合都至关重要。Romano 和 Vinelli（2001）进一步补充了这一观点，他们认为，除了上述提到的流程外，及时质量管理也是一个关键的供应链商业流程。这一流程的优化和整合，能够在确保产品质量的同时，提高供应链的整体效率。

供应链商业流程整合并不仅仅是买卖双方的简单协作。它涉及更深层次的合作，如共同参与产品开发、信息共享等。这种深度的整合能够形成一种无缝连接的流程，从而大大提高运营效率和顾客服务水平。这也是供应链管理的核心目标。根据文献回顾，核心的流程主要包括以下几个方面：顾客关系管理、供应商关系管理、共同参与新产品设计研发及商业化信息共享，以及共同参与制订生产计划等。这些核心流程不仅决定了供应链的日常运作，也是评价一个供应链是否高效、稳定的重要指标。因此，从流程的视角来看，供应链整合是一个复杂而又关键的过程。它需要所有成员共同努力，形成一致的方法和流程，以确保供应链的高效运作。

2.3.3 过程机理

供应链整合受到内部和外部因素的共同影响。外部因素包括消费者购买模式的转变、信息技术的进步、市场竞争的加剧以及供应链节点关系的调整，这些因素都在推动传统供应链向整合型供应链转型。而内部因素则体现在组织整合、业务流程整合、资源整合等几个层面，它们通过相互关联、共享和协调，促使供应链进行自我调整以适应外部环境的变化。

从外部环境因素来看，消费者的购买模式正在经历一场深刻的变革。传统的仅在实体店铺购买的消费模式，已经逐渐转变为一种“店铺+网络”的混合模式。这一转变不仅反映了消费者行为的改变，更体现了消费者对购物体验的更高追求。随着互联网和电子商务的普及，消费者的个性化需求逐渐增强，他们更加注重产品的独特性和定制化。同时，消费者对产品的安全性、生态可持续性和购物的便捷性也提出了更高的要求。这些变化促使消费者在购物过程中追求顾客价值的最大化，从而成为推动供应链整合的最直接动力。

然而，供应链整合的成功实施并非易事。市场竞争的激烈程度、技术应用的成熟度以及供应链节点关系的调整等因素，都会对其实际发展产生影响。例如，在高度竞争的市场环境中，企业需要更加注重供应链的敏捷性和灵活性，以满足不断变化的市场需求。此外，技术的不断创新和应用，如大数据、物联网和人工智能等，也为供应链整合提供了更多的可能性。

这些环境因素不仅影响着供应链整合战略的选择，还对整合过程和路径的选择产生重要影响。因此，企业在实施供应链整合时，需要综合考虑各种因素，制定出符合自身特点和市场需求的整合策略。只有这样，企业才能在激烈的市场竞争中立于不败之地，实现可持续发展。

从内部运营角度考虑，供应链的整合不仅仅是一个简单的资源整合过程，它涉及的是组织间、流程间以及信息间的深度协同与合作。这意味着跨越组织边界的协同合作活动，即组织整合，是供应链整合中不可或缺的一环。为了实现这一整合，企业需要借助先进的技术手段和跨渠道协作，确保物流和营销资源得到高效协调。这种组织整合的目标是以低成本、高效率和快速反应的方式来满足客户的多样化需求。通过这种方式，企业不仅能够提高客户满意度，更能增强自身的市场竞争力。

业务流程的整合是组织整合的必然结果。随着组织的变革和整合，业务流程也需要进行相应的再造和优化。这一过程需要借助信息技术来实现载体支持，确保业务流程的高效运作。

此外，组织的整合还需要借助信息技术来确保物流、营销等资源的合理优化分配。信息整合在此过程中起到了关键作用，它通过与资源整合和流程整合的协同和联动，支撑着供应链内外部之间的流程优化、行为协作和资源共享。总之，供应链的整合是一个涉及组织、流程和信息等多个层面的复杂过程。企业需要综合考虑内部和外部因素，制定出合适的整合策略，以实现供应链的高效运作。

综上所述，供应链整合体现了外部环境变动与供应链变革重构之间的相互影响和主动适应关系。这是供应链系统不断进行自我调整以适应外部环境变化的过程，其核心是围绕供应链价值增值而发挥作用。构建供应链生态系统的目标是实现供应链的价值增值和价值共创。该生态系统是实现这一目标的主导逻辑，其核心要义是各供应链主体基于特定情境，以客户价值主张为导向，通过组织整合、业务流程整合、资源整合、信息整合以及制度约束协调生态系统参与者的价值共创行为。供应链整合的过程是一个不断调整和优化的动态过程，需要各方共同努力来实现生态系统的可持续发展和价值共创。

2.4 供应链整合的结果

2.4.1 提升需求响应水平

在当今商业环境中，提升需求响应能力已成为企业发展的关键要素。这不仅意味着企业需要迅速满足市场需求，还要求具备预见和应对供应问题的能力。这种能力有助于企业更好地应对市场变化，增强竞争力，实现持续发展。

首先，企业应注重内部整合，确保各环节数据的实时追踪和更新。这不仅能增强企业对市场需求的实时感知和预测，还有助于消除部门间的壁垒，推动资源和信息的共享。通过实时数据追踪，企业能够更好地了解客户需求和市场趋势，从而调整生产和营销策略。这不仅有助于满足客户需求，提高客户满意度和忠诚度，还使企业更具市场竞争力。

其次，与供应商建立紧密的合作关系也是提升需求响应能力的关键。通过与供应商的协作，企业可以形成协同采购模式，提高采购的灵活性和效率。这种模式有助于企业在面对市场变化时快速调整采购策略，确保需求的满足。通过与供应商共享采购计划和需求预测，企业能更好地了解供应商的产能和供应情况，提前预测潜在的供应问题并采取应对措施。这不仅能提高供应链的透明度和可靠性，还能进一步优化企业的采购策略。

最后，与客户进行信息共享和战略协作也是提升需求响应能力的关键环节。通过建立良好的信息沟通渠道，企业可以及时获取产品需求信息的反馈，精准地从客户视角将产品供应与客户需求相匹配。这种合作方式有助于企业深入了解客户需求，提供更贴心、个性化的服务。通过与客户的信息共享和战略协作，企业还能进一步了解客户的购买行为和需求特点，更好地定位产品和服务，以满足客户的特定需求。客户的反馈和建议为企业提供了持续改进和优化的机会，有助于企业在激烈的市场竞争中保持领先地位。

综上所述，提升需求响应能力需要企业在内部整合、与供应商的合作以及与客户的信息共享和战略协作等方面做出全方位的努力。通过这些措施，企业能更好地应对市场变化、提高竞争力并实现持续发展。在当今快速变化的市场环境中，具备高需求响应能力的企业将具备显著的优势，并能在激烈的市场竞争中脱颖而出。

2.4.2 提高质量安全绩效

质量安全绩效是评估供应链运营绩效的关键指标，它不仅反映了产品的内在物理特性，如质量可靠性和安全性，还直接反映了消费者对产品质量的评价。通过供应链整合，企业可以增强在整条供应链上的质量管理和协调能力。这就如同一个大家庭，每个成员都有自己的角色和职责，但如果没有良好的沟通和协作，很容易出现混乱。而供应链整合，就是确保每个成员在每个阶段都严格遵循质量标准，并积极参与质量管理。想象一下，你是一家大型汽车制造商的供应链管理人员。你的供应链遍布全球，涉及无数的供应商和合作伙伴。然而，你发现你的产品在某些环节出现了质量问题，导致消费者投诉不断。这时，你意识到需要整合供应链，提高质量管理和协调能力。通过与供应商紧密合作，你确保每个环节都严格遵循质量标准，比如引进先进的六西格玛质量管理方法或精益生产，帮助供应商提高产品质量和降低缺陷率。随着时间的推移，你的产品质量得到了显著提升，消费者投诉大幅减少。更重要的是，你的产品在市场上赢得了良好的口碑，销售额也大幅增长。因此，通过供应链整合，企业可以提高质量安全绩效，从而更好地满足消费者对安全、生态和高质量产品的需求。

首先，企业通过内部整合，打破了职能部门之间的壁垒。这就像一个大型团队，每个成员都愿意放下个人的利益，为了共同的目标而努力。这样的整合促进了质量问题的横向沟通，让每个员工都主动承担起质量管理的责任。每个部门都遵循相同的质量标准，大家像一家人一样，通过协商与合作，共同解决与质量相关的问题。这样的企业内部形成了全员参与的质量管理文化，为消费者提供优质安全的产品。其次，企业通过与供应商进行整合，不仅帮助上游供应商（如农产品供应链中的农户、合作社、生产基地等）深化了对质量标准的认识，还推动了供应商参与质量管理。这样，企业就能获得高质量的初级产品，确保终端产品的质量安全。最后，企业在产品质量方面与客户进行协作，它不再只是单向地提供产品，而是与客户建立了紧密的联系。通过这种协作，企业能够及时获得有关产品质量信息的反馈，并和客户一起解决质量相关的问题。这种协作方式不仅加强了企业与消费者之间的联系、提升了客户满意度，还能够更好地满足消费者的需求。

2.4.3 改善供应链绩效

供应链绩效是整个供应链体系运作的重要指标，它反映的是供应链成员通过一系列活动，如采购、生产、物流和客户服务等，为顾客提供满意的产品和服务所创造的价值总和。这个价值总和不仅仅是经济价值，更包括为客户提供的服务、产品质量、交货时间等方面的满意度。通过加强内部管理，提高各环节的协同效率，企业可以优化流程、降低成本、提高质量，提升企业的运营效率和市场竞争力。通过加强与供应商和客户的合作，并与他们建立长期、紧密的合作关系，企业可以实现资源共享、风险共担，从而提升整个供应链的竞争力。此外，通过引入信息技术手段，企业可以实现信息的快速传递和共享，提高供应链的透明度和协同效率。这有助于企业更好地掌握市场需求和供应情况，及时调整生产和销售策略，提升市场响应速度和客户满意度。目前，学者们主要从市场绩效、财务绩效、服务绩效、柔性绩效等维度对供应链绩效进行衡量（韩啸和何枫，

2014；于亢亢等，2014；王勇和邓旭东，2015；张璇和赵军，2019）。以农产品供应链为例，农业企业通过供应链信息共享、跨部门协作以及与上游供应商建立战略合作，降低采购、交易和管理等成本，从而提升财务绩效，优化盈利能力。同时，企业与客户整合物流和信息资源，确保准确的需求信息和产品交付，提升市场绩效和服务质量。此外，农产品供应链的整合使运作流程更具敏捷性和柔性，企业利用现代技术实时掌握供需数据，预测需求变化，实现产销平衡和供应链动态调整，以有效应对市场变化和不确定性。

第3章 文献综述

3.1 供应链整合与企业绩效

供应链整合被认为是疏通物流、知识流和信息流，提高供应链核心能力的根本途径（Narasimhan and Das，2001；Swink et al.，2007）。供应链整合可以从多个维度直接或间接影响企业绩效（如财务绩效、运作绩效等）（Huo et al.，2014），提高企业的产品创新能力（Vickery et al.，2003）与客户满意度（Yu et al.，2013）。诸多学者聚焦于供应链整合的研究与实践，供应链整合逐渐成为企业获取竞争优势的保障（Olhager and Selldin，2003）。

3.1.1 供应链整合与企业竞争优势

Clark（1996）研究认为，供应链管理水平能够大大提高制造业的竞争力。Stank 等（2001）研究认为，供应链整合可以为供应链所有成员创造共赢的局面。整合可以降低整条供应链的成本，提升所有成员企业的核心能力与竞争能力。Schroeder 等（2002）对 164 个制造工厂的数据进行分析，结果显示对客户和供应商的整合，能够提升制造业的竞争优势。Kim（2009）对供应链管理实践、竞争力、供应链整合水平与企业绩效之间的因果关系进行了研究，利用 LISREL（结构方程）对韩国和日本制造企业的相关数据进行了分析，认为高效的供应链整合在提高供应链竞争力方面发挥着关键作用。宋华（2015）认为互联网如何推动供应链整合的变革是第四次工业革命时期企业思考的重点问题。杨文安（2003）对供应链整合、竞争优势以及绩效等变量进行了研究，认为供应链整合通过充分利用供应商之间的知识共享与企业间合作，提高竞争优势，优化存货管理，提高客户满意度，从而在交货期、成本与灵活性等方面获得优势。王微（2004）介绍了全球采购、外包等供应链组织形式，指出加速发展的供应链整合对于提升企业竞争力有重要影响。李景峰和王继光（2015）认为在知识经济时代企业可以通过构建供应链获取知识，并利用结构方程模型进行检验，发现供应链整合度与企业竞争力有显著相关关系。

除了提高企业的竞争优势，学者们的研究结果同样证明了供应链整合会对企业绩效产生影响。行业领导者倾向于频繁地利用整合活动与供应链伙伴开展协作，通过精确发掘客户需求信息或者积极与供应商分享信息和知识，获得额外好处（Koufteros et al.，2007；Agus，2011）。

Armistead 和 Mapes（1993）通过对制造业经理的调查，分析了供应链整合对经营绩效的影响，认为随着供应链整合程度的不断提高，企业业绩会不断得到提升。Frohlich 和 Westbrook（2001）对供应商和客户的整合策略进行了研究，将全球 322 家制造商作为研究样本，定义了五种不同的供应链整合策略，研究表明，供应商和客户的整合与企业绩效改善具有很强的相关性。Bagchi 等（2005）对欧洲 149 家公司的供应链整合程度和性质进行了邮件调查，研究发现供应链整合强度水平的提高会提高企业的经营业绩。Wook（2006）认为随着企业内部整合或外部整合水平的提高，企业绩效会产生显著的改变。此外，企业规模也会影响供应链整合，大企业与小企业整合战略实施的效果有显著差异。朱毅华（2004）运用定量分析方法分析了农产品供应链，提出了农产品供应链整合与绩效的假设模型。

3.1.2　不同运营环境条件下供应链整合与绩效的关系

关于供应链整合影响企业绩效所需的条件与范围、供应链整合对不同类型企业绩效的影响效果等问题，学者们也做了大量研究。Van der Vaart 和 Van Donk（2008）对供应链整合与企业绩效之间的关系进行了研究，依据态度、做法和模式，对不同的供应链整合水平进行分类，发现不同的供应链整合水平对企业绩效影响的差异非常显著。Huo（2012）从组织能力视角出发，研究了供应链整合对公司绩效的影响，认为内部与外部整合水平的提高将直接或间接地提高公司业绩。Liu 等（2013）以 246 家中国制造业和服务业公司为例，研究了供应链整合和市场导向对企业绩效的影响，发现供应链整合与企业经营业绩正相关。Richey 等（2009）对供应链整合中的障碍进行了研究，分析供应链整合与企业绩效之间的关系，认为供应链整合有助于企业在一个具有挑战性的竞争环境中产出高水平绩效。Iyer 等（2009）研究了 B2B 电子商务环境下供应链集成与绩效之间的关系，认为 B2B 电子商务供应链整合能够有效应对金融市场影响和产品需求的不可预测性，从而提高企业绩效。Gimenez 和 Van der Vaart（2012）对不同背景下供应链整合的有效性进行了研究，认为通过供应链的整合能够提升企业绩效，但是高度的供应链整合仅适用于供应商比较复杂的环境。Trkman 等（2007）以零售汽油行业为案例，对不同的业务流程模型进行模拟，发现供应链整合能够使公司降低成本、提高质量和缩短交货周期，获得巨大利益。Danese（2013）对 186 个制造工厂的样本数据进行分析，认为建立一个快速供应网络结构，能够提升买方绩效。Lee 等（2007）从成本角度研究了供应链整合对企业的影响，指出企业的内部整合、外部与客户的整合以及外部与供应商的整合均与成本存在正相关关系。Mitra 和 Singhal（2008）研究了供应链整合与股东价值之间的关系，发现供应链整合对股东价值有着积极的影响。大量的实证研究均表明了供应链整合与绩效之间存在积极正向的作用关系（Villena et al.，2009；李景峰和王继光，2015；苏定东，2016）。

3.1.3 供应链整合对不同绩效的影响

部分学者对企业绩效进行了细分，在研究中将不同绩效作为考察供应链整合影响作用的因变量，提出不同的供应链整合会对不同的绩效产生影响。Devarj 等（2007）认为供应商整合能够提高企业的运营绩效，客户整合则与绩效没有显著的关系。Vickery 等（2003）研究了供应链策略整合对客户服务、财务绩效的直接与间接影响，以 150 家北美一线汽车供应商的数据为样本进行分析，发现供应链整合通过客户服务对财务绩效产生影响。Rosenzweig 等（2003）的研究发现供应链整合的水平直接影响了企业的成本绩效，并且与新产品研发绩效、市场绩效以及财务绩效都有正向相关关系。Zailani 和 Rajagopal（2005）的研究结果表明，Rosenzweig 等（2003）的结论对东亚国家的企业也成立。Prajogo 和 Olhager（2012）通过分析 232 家澳大利亚公司的数据，发现物流整合对运营绩效影响效果显著，长期供应商关系不仅直接影响运营绩效，还通过信息集成和物流整合对运营绩效产生影响。Wong 等（2011）在环境不确定性的情境下，分别对供应链整合的三个维度、四种经营绩效之间的关系进行研究，建立了环境不确定性影响下的权变效应理论模型，并从泰国汽车制造厂收集调查数据进行了实证检验。王莉和李殿伟（2016）也得出了相似的结论，他们对中国制造业企业数据进行分析，发现制造企业的供应链整合可以提高存货周转速度、降低企业费用、参与制定行业标准，并对企业的财务绩效产生正向影响。杨汝梁和孙元欣（2015）利用我国沪深两市 A 股上市公司的数据，对供应链整合与企业绩效的关系进行验证，结果表明，供应链整合会促进企业绩效，但是企业规模过大将抑制这种促进作用。

3.1.4　不同观点

尽管大部分学者都认为供应链整合与企业绩效存在正向相关关系（Froehlich and Westbrook，2001；Rosenzweig et al.，2003；Vachon and Klassen，2006；Swink et al.，2007），但是这一观点并不能得到所有研究人员与企业界人士的一致认同。Zailani 和 Rajagopal（2005）对供应商整合以及客户整合与企业运营绩效之间的关系进行了研究，并以美国和东亚地区的企业为实例进行比较研究，但是假设的供应链整合对绩效的作用并没有得到有力的证据支持；Power（2005）对供应链整合的理论与实践进行了文献研究，发现整合的实践和理论存在不一致性。Fawcett 和 Magnan（2002）甚至认为供应链整合就是制造一些华而不实的概念来哗众取宠。Swink 等（2007）认为供应链整合可能并不利于企业绩效。Fabbe-Costes 和 Jahre（2007）研究认为，供应链整合的贡献被夸大了，供应链整合可能并没有主流认知中认为的那么有用。Fabbe-Costes 和 Jahre（2008）对供应链整合与企业绩效之间的联系进行了研究，发现更多的供应链整合并不总能够提高企业绩效，无法得出供应链整合与企业绩效完全正相关的结论。Chen 等（2007）收集了 125 家制造企业的数据，利用结构方程模型对客户端的整合与绩效进行了分析，结果显示客户端的协作不能提升绩效。Saeed 等（2011）分析了 241 家制造企业的数据，发现运营整合并不能促进战略性的绩效提升。Flynn 等（2010）通过对 618 家制造企业进行回归分析，发现内部整合会对企业绩效产生正向促进作用，而供应商整合对企业的商业绩效和运营绩效都不起作用，客户整合对商业绩效的作用也不显著。Koufteros（2010）对 191 个产品项目计划进行了研究，发现客户整合对于运营效率的作用并不显著。Lau 等（2010）对 251 家制造企业进行了研究，发现供应链整合中的信息分享无法提高产品绩效。Danese 和 Romano（2011）研究发现客户整合对运营效率的影响不显著。Prajogo（2012）通过研究物流整合以及供应商战略伙伴关系发现，供应商方面的协作活动不能促进配送效率、成本有效性以及质量管理水平的提升。Prajogo 和 Olhager（2012）同样认为供应商关系管理不能促进企业商业绩效的改善。针对这一现状，本书认为有必要对整合与绩效的关系进行进一步的研究，并拟利用实证研究进一步验证整合与绩效的关系，以使供应链整合与绩效的关系在理论上更加明确。

综上可见，在供应链整合与企业绩效的关系方面，国外学者起步较早，国内学者也做了大量研究，包含的内容十分丰富，涉及了供应链整合的各个范围和领域。但是，目前学界对供应链整合与企业绩效之间关系的相关研究结论并不一致。大部分学者认为供应链整合通过企业间的知识共享和互惠合作，可以降低供应链成本、优化库存管理、提高成员企业的竞争能力，帮助企业获取竞争优势。除了提高企业的竞争优势，供应链整合还会对企业绩效造成影响。从整合效果来看，供应链整合会提高公司的经营业绩，帮助企业实现高产出；从整合水平来看，不同的供应链整合水平对企业绩效的影响存在差异，供应链整合水平与企业业绩正相关；从整合作用方式来看，供应链整合主要通过降低成本、提高质量、缩短交货时间等途径，影响企业业绩，并对股东价值存在积极影响；从整合类型来看，不同的供应链整合会对不同类型的企业绩效造成影响，同时，不同范围和领域的供应链整合对企业绩效的影响不同，或者说不同的整合影响不同的绩效，包括运营绩效、市场绩效、财务绩效等。

另有部分学者认为，供应链整合可能并不利于企业绩效，供应链整合的绩效贡献被夸大了。例如，供应链整合中的信息分享对产品绩效的提升作用不显著，供应商方面的协作活动并不能促进配送效率、成本有效性以及质量管理水平的提升，供应链整合与企业绩效不存在完全正相关关系。有些学者甚至认为供应链整合对企业绩效的影响并不存在，或是存在倒“U”形关系（Thun，2010）。

本书认为，学者们对于供应链整合和企业绩效之间关系的研究结果存在差异，主要是因为不同学者对供应链整合内涵的界定存在差异，从而产生对供应链整合测度和评价的差异。同时，对于供应链整合对企业绩效产生作用的实践路径缺乏精细和准确的探索。因此，相关研究有必要在进一步厘清供应链整合概念和内涵的基础上，进一步运用实证检验，系统分析供应链整合与企业绩效的关系。

3.2　供应链整合与质量管理

3.2.1　质量管理内涵

随着卖方市场向买方市场的转变，企业间的竞争模式同样发生了改变，即从基于成本导向的竞争转向了基于以提升产品和服务质量为导向的竞争。20 世纪 70 年代以来，日本制造业在市场上获得空前竞争优势的现象，引发了公众对质量管理的关注，在理论界和实践界迅速形成了一股质量管理的热潮。

质量管理理论作为 20 世纪 90 年代最受关注和最重要的管理理论，

经历了最初的质量检验、统计质量和目前的全面质量管理阶段，其研究重点主要集中在企业的内部质量控制和分析、生产的一致性和可靠性、组织文化、卓越经营、客户满意、绩效测量等方面。然而，在企业的经营管理模式向供应链管理和供应链竞争变革的背景下，传统的聚焦于内部质量管理的理论就显得具有局限性。随着环境的变化和研究的深入，企业已经开始意识到不仅需要持续的质量改进，满足企业的直接客户，而且需要在不断变化的国际市场环境中进行快速有效的竞争，满足更多层次客户的需求。外部竞争使得企业不得不跨越边界寻求供应链伙伴的帮助，而这一面向供应链的管理变革使得传统的、聚焦于企业内部的质量管理理论面临着新的挑战。在这种情况下，如何在供应链情境下进行质量管理、把传统的内部质量管理实践拓展到供应链上下游的伙伴关系中去既是新形势下质量管理实践的要求，也是供应链质量管理理论的必要命题。

"质量管理"被定义为一系列相互促进的管理原则和方法，其中的每一个原则和方法都由一系列的实践和技术来支持（Dean and Bowen，1994）。例如，持续改进的质量管理原则可以通过流程管理实践获得支持，而流程管理这个实践又是通过统计程序控制等技术来实现的（Sousa and Voss，2002）。"实践"被定义为可以被观察到的质量管理方面，管理者正是通过它们来实现组织进步的。从实证研究的角度出发，"实践"通常被用作研究质量管理与绩效的变量，"原则"对于实证研究来说显得太笼统，而"技术"又显得太具体（例如，一项实践可能是由很多个可选择的技术来完成的）。

经过几十年的发展，质量管理理论的发展已经非常完整和成熟，质量管理实践的核心内涵已在学术界达成共识，认为客户关系管理、客户聚焦、供应商关系管理、供应商质量管理、流程管理和顶层管理等是质量管理实践最普遍和最本质的内容和维度（Flynn et al.，1995；Ahire and Golhar，1996；Anderson et al.，1995；Powell，1995；Saraph et al.，1989）。

3.2.2 质量管理与实践路径

学者们对各个发展阶段中质量管理实践与企业绩效的关系都进行了深入研究。Adam（1994）认为企业通过改进产品质量可以在竞争激烈的国际商务环境中获胜，通过对187家美国企业的研究发现，质量与财务绩效指标关系密切。Mann和Kehoe（1994）研究了质量改进活动对企业绩效的影响，通过对超过200家公司的问卷调查和结构化面试，发现产品质量不仅能够提高有形的经营业绩，对于无形的经营业绩影响也很大。Flynn等（2010）研究发现质量管理实践对绩效和竞争优势的影响很大。Easton和Jarrell（1999）探讨了全面质量管理（TQM）的影响，并对实施全面质量管理的108家企业在1981—1991年的业绩进行了分析，发现实施TQM的企业，无论是公司业绩、财务水平还是股票收益方面都有提升。Samson和Terziovski（1999）使用了1200个澳大利亚和新西兰制造业组织的大型数据库，对质量管理和制造企业经营业绩之间的关系进行了研究，发现全面质量管理实践与组织绩效关系显著。Kaynak（2003）研究了质量管理和各级组织绩效之间的关系，发现全面质量管理实践会对企业业绩水平产生直接或间接的影响。

相关文献认为质量管理实践对企业的各项绩效表现如财务绩效、竞争能力、组织绩效等都有重要影响。据此，学者们提出了质量管理的概念，定义了质量管理的各个不同维度，将质量管理作为评价企业质量管理的重要维度和影响企业绩效的重要因素。Sousa和Voss（2002）认为，质量管理包含了流程质量与产品质量。流程质量主要指产品与服务如何被生产和配送，决定了客户体验（Marley et al.，2004），流程质量可以通过是否有效果、信息准确性、运营灵活性和更高的效率来测度。Marley等（2004）认为流程质量直接对客户体验产生影响，通过准确的信息、灵活的运营和更高的效率满足客户需求。产品质量则包括了一致性水平及所有其他的绩效标准，如产品特征、可靠性、耐久性、有用性、美观性和被感知的质量水平（Garvin，1984，1988）。

质量管理实践通过两条路径来影响企业质量管理的改进——生产路径和市场路径。生产路径是指企业通过质量管理的方法，降低了内部生产流程的变异性，提升了内部流程质量，进而提升了产品可靠性与生产一致性。市场路径则是在客户聚焦导向下，通过收集客户反馈，将客户需求直接融入产品设计和开发中，改善旧有的缺陷，提高新产品的质量水平。Sousa 和 Voss（2002）在回顾先前质量管理研究的基础上，总结出质量管理实践对质量管理的影响模型。质量管理模型很好地阐释了质量管理的影响变化路径，本书将采用 Sousa 和 Voss（2002）的分析，把流程质量及产品质量作为质量管理的组成成分，探讨供应链整合对流程质量和产品质量的具体影响路径。

3.2.3 质量在供应链中的重要性

质量是企业获取竞争优势的基石（Dean and Bowen，1994；Powell，1995；Sousa and Voss，2002；贾杰华等，2016），是实现有效管理、满足客户需求的重要因素。质量管理对企业的市场绩效、财务绩效都具有直接影响，对于企业来说具有高度的战略意义。企业竞争的重点已经从成本的竞争转向了产品和服务质量的竞争（Chang and Chelladurai，2003）。质量方面的巨大优势是日本制造业获得市场竞争优势的重要原因（Schonberger，2007）。质量能力被战略管理研究领域视为其他一切生产能力发展的基础（De Meyer and Ferdows，1990），成本、依赖和柔性等均被认为是建立在质量能力的基础之上。

尽管质量对于企业的竞争有重要作用，目前理论界却很缺乏系统地阐述供应链管理与质量管理之间关系的实证研究（Robinson and Malhotra，2005）。以往的供应链管理研究大都聚焦于如何提升供应链职能能力（比如采购、物流、库存、供应链反应能力）等方面，其研究最终目的是提升职能效率并降低供应链成本和风险。虽然大量的供应链管理研究均是基于各种不同的理论视角，比如营销战略、心理学、社会学、经济学、信息学，以及广义的运营管理学（Burgess et al.，2006），但这些研究的范围仅仅聚焦在减小供应和需求的不确定性或变化方面（Kannan and Tan，2005），研究目的多是管理和控制从原材料供应到成品分销的库存，从而满足市场上的客户需求（Sila et al.，2006），大多数供应链管理研究所涉及的绩效组合集中在物流与信息流的成本有效性、周转时间以及库存管理（Boon-itt and Paul，2005）等方面。Van der Vaart 和 Van Donk（2004）的研究显示，学术界使用最多的绩效测量工具是财务绩效、客户服务和运营成本，决策者的主要工作就是在“满足客户需要的库存水平与降低成本”之间取得平衡。鉴于供应链管理的最终目标是实现顾客满意，仅仅重视某个职能提升带来的效率提升或成本降低已经无法实现目标（Forker et al.，1997），企业需要花费更多的精力在更多样化的绩效组合上。企业应当在更广的范围上管理更加多样化的绩效，并通过管理它们的优先权从根本上解决顾客满意的问题。

所以，尽管先前的研究已经证明了质量的重要性，但是，关于质量管理如何在供应链中体现这一问题，理论界却缺乏系统的、全面的阐述。传统的聚焦于职能性绩效的供应链管理理念不能从根本上解决顾客满意的问题，因为质量管理理论已经证明了质量在提升顾客满意方面的重要性。

近年来，供应链质量管理概念的提出引起了供应链管理领域和质量管理领域学者们的共同重视和欢迎，供应链管理和质量管理之间的关系越来越引起学者们的兴趣。Forker 等（1997）指出供应商质量管理实践会提升企业绩效，他呼吁企业持续不断地在供应链中增进质量管理实践。Robinson 和 Malhotra（2005）也发现高效的质量管理既可以提高供应链中各节点的利润水平，又会对供应链的整体绩效产生显著的正向影响。同时，学者们还呼吁实践者应当把传统的内部聚焦的质量管理视野拓宽到更广的供应链范围上。Flynn（2010）提出追求供应链目标的组织或企业同样会追求质量目标，他们认为供应链绩效建立在质量基础上。Beers（2004）研究了如何通过供应链管理维护质量管理体系。Yang（2014）直接指出追求质量目标的企业需要供应链整合。质量管理的文化使得组织跨越边界去管理供应链从而提升效率。所以，供应链质量管理的概念强调供应链管理中质量要素的表现，呼吁管理者和研究人员融合供应链管理和质量管理的理论和实践。

3.2.4 供应链整合与质量管理

要在供应链范围内系统地管理质量，那么企业与企业之间就必须发展出一些相互连接的、合作协同的实践来使理论主张得以实现。这些企业与企业之间基于质量目标的供应链管理实践就包含了对供应链上游供应商和下游顾客的整合。学者们对整合与质量的关系也进行了大量的研究。

Levy 等（1995）研究发现，通过供应链整合能够全面提高产品质量。Trkman 等（2007）以石油、汽车行业为例，明确提出了供应链整合有利于提升质量。Yang（2014）直接指出寻求质量管理的企业需要进行供应链整合，质量管理文化促使企业跨越组织边界，在供应链中管理质量，提升企业效益。Lotfi 等（2013）研究了汽车产业供应链整合与产品质量之间的关系，他们认为，企业在全球市场上生存和成功的关键竞争因素是产品质量，他们对产品质量和供应链整合规模之间的关系进行了研究，结果证明二者之间高度正相关。Chang（2014）构建了基于 Web 决策支持系统的面板供应链整合系统，选择一个面板制造公司实施该系统，实践证明供应链整合系统能够有效提高准时交货率与质量管理水平。Agus（2011）利用结构方程模型（SEM），对供应链管理、产品质量和经营业绩间的关系进行了分析，结果表明“精益生产”“技术创新”“战略供应商合作伙伴关系”“延迟”等供应链整合要素对产品质量和经营绩效具有显著的影响。Huo 等（2014）提出了一个供应链质量集成的概念，从 10 个国家收集数据进行分析，发现内部质量集成会显著提高与质量有关的所有绩效，供应商和客户的质量整合会显著降低企业成本。

国内学者对供应链管理与质量管理之间的关系问题同样做了大量研究。符少玲（2016）提出供应链整合是企业提升竞争优势和创造价值的战略入口，会对企业的质量管理产生显著的正向影响。王之泰（2005）明确提到了供应链管理中的质量问题，认为我国企业在供应链整合战略方面存在供应商选择和渠道建立、原材料采购价格及质量等诸多亟待解决的问题。王晓娟（2017）认为国内零售产业的转型升级，迫切需要加强产品的质量管理，加快供应链整合，逐步建立起零售全产业链运营模式，实现零售产业供应链的扁平化、垂直化建设。此外，姜玉满和陈要立（2008）将卓越绩效模式的11个核心价值观和供应链整合的关键要求相结合，研究了卓越绩效模式在供应链质量管理中的应用问题。李全喜和孙磐石（2012）研究了供应链组织关系对质量管理的影响，许德惠等（2015）对中国制造企业供应链运作风险对企业竞争能力与质量管理的影响进行了实证研究。

通过文献梳理可见，质量要素在供应链管理理论中的重要性与日俱增，但总体来看，目前对供应链整合与质量管理的研究大都缺乏系统性，缺乏对供应链整合维度的精确划分。鉴于供应链整合与质量都是多维度的概念，有必要对不同维度的整合与各个质量要素的具体关系进行分别的、详细的说明。目前的研究缺乏对于整合不同维度对各个质量要素的具体作用机制的分析。虽然Agus（2011）、Fernandes等（2014）提出了供应链管理、质量管理与企业绩效的影响模型，分析了供应链管理与质量管理相互作用的现象，但Fernandes的研究并没有明确地将“整合”看作供应链管理作用于质量的手段。Agus的研究提到了供应商伙伴关系对质量和绩效的影响，但并未提出供应链整合中的另一重要维度客户的作用。因此，供应链整合与质量管理之间的关系仍需要进一步研究。基于此，本书试图对供应商整合与质量管理、客户整合与质量管理的关系展开全面系统的研究，依托整合这一供应链管理的核心概念搭建供应链管理与质量管理的融合理论。

3.3　供应链整合与信息技术能力

3.3.1　信息技术与信息系统

信息技术，包括传感技术、计算机通信技术等，是企业管理和处理信息所采用的各种技术手段的总称（周驷华和万国华，2016）。企业管理和日常生活中最常见的信息技术包括条形码技术、射频识别技术、电子数据交换（EDI）技术、地理信息系统（GIS）技术、全球定位系统（GPS）技术以及基于互联网或内部物联网（Internet/Intranet）的电子商务系统技术。在企业管理中，信息技术通常组成各种信息系统为企业提供服务，如MRP、ERP或物流管理系统等。

当前，按照信息系统的使用范围，可将我国企业广泛使用的供应链管理信息系统划分为内部供应链管理信息系统和外部供应链管理信息系统。其中，内部供应链管理信息系统主要包括以下四类：

①自动化生产系统（CAD/CAM）。自动化生产系统的主要作用在于提高企业的生产效率，标准化作业流程，保证产品品质，促进产品开发、生产和市场化的速度。

②业务处理系统（TPS/EDP）。业务处理系统的主要作用在于集中处理企业日常经营中产生的所有数据和信息，提升运营效率。

③管理信息系统（MIS）。管理信息系统主要针对企业的财务数据和库存数据，其目的是整合报表，提升管理准确度。

④整体决策系统（EIS/DSS）。整体决策系统主要作用在于为企业管理者制定决策提供交流和讨论的平台，维护决策机制的科学性及稳定性。

外部供应链管理信息系统主要是指企业与外部供应链合作伙伴间共享、互通的信息平台。它以企业内部供应链管理信息系统为基础，把信息技术标准和流程等与外部上下游组织或客户进行整合，打通外部组织与企业的信息交流和共享渠道，使信息在供应链组织成员之间实现无障碍的互通。典型的外部供应链管理信息系统主要包括以下六类：

①互联网（Internet）。它是最普遍、使用最广泛并且最易让人接受的信息系统，互联网系统广泛地容纳各种各样的企业组织和个人，提供信息传递的各种方式。

②数据库管理系统（SPSS）。数据库管理系统有助于企业共享数据和信息，并以此为基础进一步建立其他的信息处理平台。

③电子数据交换系统（EDI）。电子数据交换系统通过数据与信息的结

构化和标准化，帮助企业大幅提升供应链信息数据处理效率及准确率。

④条码技术和射频识别技术。以条码技术和射频识别技术为基础的产品终端识别系统，有助于大规模产品数据信息的快速准确采集和安全采集。

⑤地理位置信息服务系统（GIS/GPS）。GIS和GPS能帮助企业掌握实时的物流位置信息和空间信息，有利于物流管理的可视化、可追踪和实时控制，保证了物流的准确、高效。

⑥POS系统。以POS机技术为基础的零售终端店铺销售时点系统，第一时间将市场信息发送到后台制造商或母公司中心，及时配合母公司制定生产计划决策，减少库存积压风险和零售店铺补货风险，大大提高了供应链的效益。

目前，供应链管理信息系统在我国制造业企业中得到了普遍应用，在速度、广度和深度上都具有了较快较高的发展水平（陈默，2013）。

第一，从速度方面看，随着企业内部信息化进程的快速推进，供应链管理信息系统开始逐步扮演企业经济行为的横向串联角色，执行企业对外部经营信息的纵向传递任务，从而实现了企业间各个职能部门的合作与协调，加深了企业对外部相关环境的控制深度。

第二，从广度方面看，供应链的上下游供应商和客户均已链接在信息系统里，供应链管理信息系统成为供应商、客户等利益相关群体普遍接受和应用的信息传递和共享途径，该系统不但整合了信息资源与知识资源，促进了企业间的信息共享，同时，通过统一的信息流程作业实现业务流程整合，容易使供应链成员达成一致的思维方式，有利于供应链成员间的沟通与相互理解，有利于促进供应链成员间紧密合作和信任关系的形成。

第三，从深度方面看，企业运营的各个环节，包括采购、生产加工、财务金融、库存与物流等，极大依赖供应链管理信息系统的支持，信息系统作为一种技术性硬性资源，已经嵌入了企业管理的各个环节，形成了一种有机的社会技术系统。它不断地革新企业的业务流程，塑造企业的核心竞争力，令企业持续不断地保持着竞争优势。

3.3.2 信息技术能力

经济全球化以及市场国际化导致市场竞争环境日趋激烈，企业必须不断地创新产品和服务、提升供应链核心能力，才能在竞争中立于不败之地。依托互联网平台诞生的新兴行业不断冲击着传统产业，迫使企业的管理者将目光投向供应链整合。与此同时，信息与物流技术的高速发展，驱动着供应链管理技术的不断发展升级。需求不确定性和信息技术迅速革新等因素的影响彻底改变了企业内外部之间的沟通方式，促使供应链各个成员企业逐渐采取供应链整合的方式充分发掘自身的潜力，打造企业独一无二的核心竞争力（张雅琪等，2011）。随着资源和管理活动的增多，供应链管理日趋复杂，信息技术的应用成为企业关注的焦点（陈长彬，2012）。

Ross 等（1996）、Bharadwaj（2000）从资源基础观的角度出发，最早提出了信息技术能力，即 IT 能力这一概念。信息技术能力是指企业通过运用信息技术来影响组织目标实现的能力，以及控制信息技术实施相关成本的能力。他们认为组织通过调配信息技术资源，影响其他组织资源整合的能力即为信息技术能力。随后，更多国内外学者从不同的视角出发，对信息技术能力的内涵进行描述，他们认为 IT 能力既包含基于组织行为惯例、业务流程、技术资源等集合而形成的组织能力，又包括基于持续改进和创新的动态能力，以及维持企业可持续竞争优势的持续能力（Tippins and Sohi，2003；况志军，2006；吴晓波等，2006）。

由于 IT 能力是一个包含多个要素的概念，本书参照 Bhatt 等（2005）提出的信息技术体系，将 IT 能力界定为三类：

①IT 基础设施能力（ITIC）。这类能力主要为企业运行提供信息基础保障。IT 基础设施主要包括一系列的硬件技术设施、计算机软件、通信手段、数据库等软硬件资源。“互联网+”时代，完善的信息基础设施和柔性化的企业级信息架构能为信息在组织内部无障碍传递、加速创新、开发业务机会和迅速响应高层战略提供坚实的保障。

②IT 业务经验能力（ITBC）。这类能力又称为 IT 人力资源能力，主要

指 IT 技术人员的业务判断能力和技术水平，包括 IT 技术人员利用 IT 技术满足企业各种业务需求的技术能力（如编程能力、系统设计能力、对新技术的把握能力），以及与信息系统其他成员进行协调、沟通及对信息系统项目进行管理和维护的管理能力。

③IT 无形资源能力。这类能力又称为 IT 关系基础能力，主要是指通过调配和部署 IT 资源所带来的无形能力。它是企业的一种综合能力，表现为 IT 技术人员能够清晰、快速地了解业务人员的信息需求，适应外部环境和企业内部流程变化，并与业务人员一起发现业务机会。

在市场经济的激烈竞争环境下，以信息技术为核心的 IT 能力逐渐成为企业新型核心能力所在，成为塑造企业核心竞争力的基础。它提升了企业的现代化、信息化水平，提升了我国企业与国际接轨的能力以及应对全球化竞争的能力，成为企业新核心竞争力的基础。

3.3.3　供应链整合与信息技术能力

供应链整合对绩效的影响可能无法直接表现出来，需要其他战略的辅助。Das 等（2006）、Huo（2012）在研究中指出供应链整合对绩效的影响需要一些技术或基础设施的支持。技术背景的不同，特别是信息技术能力的差别会使企业整合战略的实施效果出现差别。

信息技术能力的支持对于供应链整合与企业绩效具有重要影响（Harland，2001）。Wu 等（2006）、Cheng 等（2014）认为提高信息技术能力可以加快供应链动态能力的形成。Narasimhan 和 Kim（2002）研究了信息技术能力在供应链整合中的应用，认为信息系统为供应链整合提供了基础设施支持，并对供应链整合中信息技术能力的使用策略进行了研究，认为信息技术能力主要通过基础设施支持、价值创造管理、物流运作和供应链管理绩效等方式支撑供应链整合。Lazzarini 等（2001）提出了网络链的概念，认为信息技术会促进组织间的合作。Wang 等（2004）认为实施供应链管理需要更高层次的计算机应用和系统集成，以中国台湾北部工业园区为例，研究了 IT 应用水平模型。Rai 等（2006）从新兴 IT 组织能力的视角，提出数字化信息平台在管理供应链活动和合作中对企业绩效发挥了重要作用。Angeles（2009）对 IT 基础设施集成与供应链流程整合进行了研究，认为 IT 基础设施在信息流整合、物流整合、财务信息整合等供应链整合过程中发挥着关键的支撑作用。Li 等（2009）研究了 IT 能力对供应链整合与企业绩效的影响，利用结构方程模型分析了 182 家中国企业的数据，认为 IT 能力对供应链整合会产生直接或间接影响，从而提升整个供应链管理绩效。Thun（2010）从整合的角度出发，通过统计分析研究了供应链整合的匹配问题，认为 IT 技术实施应与供应链整合相匹配。Prajogo 和 Olhager（2012）通过对 232 家澳大利亚公司的研究，发现信息技术能力和信息共享对物流整合有显著的影响。Saeed 等（2011）对供应链整合中的跨组织信息系统进行了实证研究，认为成功的供应链整合依赖于有效配置的跨组织信息系统，从而支持其供应链流程。此外，Bakos 和 Brynjolfsson（1993）、Carr 和 Smeltzer（2002）、Vijayasarathy（2010）均发现信息技术对跨组织关系有着重要的正面影响。

在全球化和信息化背景下，信息技术为企业与供应商、客户之间的交流提供了途径，为知识的转移和信息的共享创造了平台，因此，信息技术能力对于供应链整合与绩效的影响不容忽视。现代信息技术广泛地运用于企业供应链管理之中，对促进供应链整合、提升供应链管理能力、塑造企业核心竞争力都将产生影响。

上述研究表明，供应链管理信息系统可以改变供应链成员企业间的合作业务流程，提升信息交互、传递的效率，促进信息共享。借助信息系统的支持，企业可以打通与客户沟通的渠道，有利于企业采集客户反馈，掌握客户需求变化信息，有利于企业与供应商进行需求信息的及时分享，快速改进产品和服务，从而缩减企业对客户需求变化做出反应的时间，实现持续满足客户需要的战略目的。通过业务流程的改变和整合，企业可以提高供应商参与的程度，从而促进产品、服务以及组织革新，持续不断地保持对外部环境的把控能力，满足客户需要。企业拥有的信息技术能力是企业的重要竞争能力，是企业保持长期竞争优势的基础。

同时，通过对信息技术、信息系统和信息技术能力概念的介绍和梳理发现，信息技术能力的概念看似与信息系统支持具有非常相近的含义，但信息技术能力不能由信息系统代替。从前文的介绍可以看出，“信息系统支持”的含义是指企业利用以现代信息技术为核心的信息系统在供应链伙伴成员间以及企业内部进行信息传递、交互、共享的行为。因此，从定义来看，信息技术能力的概念包含了信息系统支持的概念。其中，信息系统为客观实体，具体指硬件设施，而信息技术能力还包括人力资源能力、无形资源能力等有形和无形要素。因此，本书选用信息技术能力作为调节变量，更具概念性。

3.4　供应链整合与供应链敏捷性

3.4.1　供应链敏捷性的含义

当企业面临经济全球化迅猛发展和信息技术逐步替代传统劳动时，大量企业因顽固守旧而惨遭市场淘汰。供应链敏捷性则能够让企业在面临强大外部市场环境压力时沉着应对，是企业克服外部风险的重要应变方式之一。敏捷性的企业发展战略思想最早在 20 世纪 90 年代由美国学者提出，在当时为一种较新的企业战略思想，重点是解决美国制造业如何快速适应外部环境压力的问题。于是，供应链敏捷性也随之被学术界广泛关注并持续进行研究。在不同时期和不同情境下，大量学者对供应敏捷性进行了差异化的理论界定。比较有代表性的研究有：Naylor 等（1999）研究认为，供应链敏捷性主要是指企业能够在千变万化的市场竞争环境中利用企业已占有的知识来应对市场风险并获得发展机会的能力；Patty 等（2000）研究认为，制造业中的供应链敏捷性主要是指企业在面临外部市场竞争压力时，能否通过提供良好服务和优质产品来迅速响应并采取有效应对预案，最终基于采购柔性、产品开发柔性、制造柔性和后勤柔性四个方面来改善企业供应链敏捷性；而其他学者则将供应链敏捷性作为企业应对和响应外部市场变化的一种业务型能力（Swafford et al.，2006）。综上可知，企业供应链敏捷性主要强调企业在面临内外部环境，尤其是外部竞争环境压力时，企业能够采取有效策略迅速响应的能力。本研究认为，就当前市场发展环境而言，企业供应链敏捷性的重心主要是应对外部市场竞争环境压力，内部环境则更容易通过产品质量升级和流程优化等手段来对其可能衍生的风险加以规避和防范。由此，本研究将企业供应链敏捷性的含义界定为：当企业面临外部不确定性竞争环境压力时的迅速响应能力，与企业发展战略思想实施具有内在一致性。

3.4.2 供应链敏捷性与企业绩效

从已有研究看，大量学者已经针对企业供应链敏捷性影响企业绩效的内在机理进行了诸多有益探索，但是专门分析供应链敏捷性与质量管理二者之间的内在作用关系的文献则较为鲜见。比较有代表性的研究主要有：Gligor 和 Holcomb（2012）通过实证研究的方法对供应链敏捷性与企业关系绩效和运营绩效之间的关系进行了实证检验，结果发现供应链敏捷性能够对企业关系绩效和企业运营绩效产生显著的正向作用；其他学者也得到类似结论（Christopher，2000；谢磊等，2012）。还有学者研究认为，供应链敏捷性是企业应对外部市场变化、有效缩短新产品开发周期、增强新产品进入市场速度以及完成大规模定制生产的重要保障，是企业获得较高收益的战略保障（Tuck et al.，2008）。甚至还有研究认为，供应链敏捷性能够帮助企业快速辨识市场环境中的压力与机遇，从深层次提升企业应对市场变化的响应能力，进而有效降低市场不确定性风险，使企业能够在纷繁复杂的市场环境中立于不败之地（Swafford et al.，2006）。还有一些学者研究认为，企业供应链管理是企业预防自然灾害、战争、行业丑闻等突发性危机的重要手段，也是企业在实践发展中改善其应急管理方案的重要风向标之一（Hult et al.，2010）。还有学者认为，企业供应链敏捷性能够对企业绩效产生正向影响且在供应链管理实践与企业绩效之间发挥部分中介作用（杨艳玲和田宇，2015）。但是，也有学者认为，供应链敏捷性难以直接对企业绩效产生实质性影响（Yang，2014）。本研究认为，供应链敏捷性对企业绩效的影响作用方式之所以会产生上述不同的研究结论，其最根本的原因就在于供应链敏捷性与企业绩效之间尚存在其他中间作用机制。换言之，企业供应链敏捷性与企业绩效之间可能存在更为复杂的作用机理，可能需要通过某种中介或调节效应对其产生间接影响。

3.4.3 供应链整合与供应链敏捷性

现有文献中对于供应链整合与供应链敏捷性存在两种不同的看法。有一部分学者认为，供应链整合与供应链敏捷性二者之间是矛盾的、冲突的关系。另一部分学者认为，供应链整合强调组织之间的紧密合作，通过对业务流程的整合，使企业保持高度的联结，这种联结会让合作企业产生“被锁住”的感觉，所以，学者认为供应链整合体现的是供应链管理的刚性面。而供应链敏捷性要求企业独立灵活地进行管理和运用，企业与企业之间的关系处于一种松散、灵活的状态，是一种具有弹性的关系。所以，这一部分学者认为供应链整合与供应链敏捷性之间是对立的（Maloni and Benton，2000）。

然而，学术界也有学者认为，供应链敏捷性与供应链整合并不矛盾，二者具有内在统一性，可以相互转换（Swafford et al.，2006；贾国柱和张橙艳，2006；Braunscheidel and Suresh，2010；朱镇和张伟，2014）。如贾国柱和张橙艳（2006）研究认为，供应链敏捷性能够提升供应链整合的效率；Braunscheidel 和 Suresh（2010）认为，企业能够利用供应链整合功能效应将其转换为供应链敏捷性，以更好地应对外部环境风险；而朱镇和张伟（2014）则从协调的视角发现，IT 信息能力能够有效协调供应链整合和供应链敏捷性之间的矛盾关系，使二者对企业竞争优势共同产生影响。协调理论的核心观点为，企业能够有效重构自身资源、要素禀赋以及对外部环境的洞察力等多源能力，最终转变为快速应对和适应外部环境动态变化的能力（Teece et al.，1994）。从协调的理论视角出发，本书认为，敏捷性作为企业的一种重要的供应链运营能力或资质，是企业在供应链竞争中取得优势的重要能力和资源，是有效弥补供应链整合“硬”管理的一种“软”协调。供应链整合与供应链敏捷性通过事前计划以及事后反馈这两种协调机制，可以共同对供应链起作用。通过事前计划，高度整合的供应链可以向松散、耦合的状态发展，实际上赋予了供应链敏捷性；而通过事后的反馈，供应链可以根据需要做出调整，进而重新整合（朱镇和张伟，2014）。“整合”与“敏捷性”在协调机制的作用下相互促进，共同促进供应链管理和运营能力的提升。

鉴于供应链敏捷性与供应链整合之间存在的相互促进的交互效应，以及供应链敏捷性对于在快速变化的市场环境下企业持续保持竞争力的重要影响作用，本书认为，有必要对供应链敏捷性对供应链整合与质量之间关系的影响加以研究。

3.5 本章小结

供应链整合定义的清晰界定是研究供应链整合与绩效关系的基础，但学术界一直没有一个统一的定义。通过梳理国内外文献发现，若从整合的领域（area）和范围（scope）两个维度出发，学者们大都认为供应链整合的领域应涵盖信息的共享、物流管理、资金、业务流程的改进与协调等内容；供应链整合的范围应包括企业内部各个职能部门的跨职能协作，以及外部与供应商和客户的整合与协作等内容。

“供应链整合与企业绩效”的关系一直是国内外学者关注的焦点，学者们主要从供应链整合对企业绩效的影响程度、影响路径、产生影响所需条件与范围等方面进行了大量研究，成果丰硕。已有研究显示，大量企业已经在供应链整合的实践中大大改善了企业绩效（Srinivasan and Swink，2015），但是，学界对供应链整合与企业绩效内在作用机理的研究仍不明晰，需要进一步深度探究（Flynn et al.，2010）。并且，尽管大部分学者认为供应链整合可以通过企业间的知识共享和互惠合作、降低供应链成本、优化库存等路径帮助企业获取竞争优势或对企业绩效产生正向影响，仍然还有相当一部分学者认为供应链整合对企业绩效的作用被夸大了或不利于企业绩效；其他个别学者甚至认为供应链整合对企业绩效的影响并不存在。本书认为，对于整合与绩效的关系学术界仍然存在分歧，仍然有必要做进一步的研究。同时，本书还认为，现有文献对于整合与绩效的关系存在差异主要是源于不同学者对供应链整合内涵的界定存在差异。定义不同导致测量方法不同，进而导致最终结果的不同。因此，本书首先对供应链整合的概念和内涵进行界定，在此基础上再进行实证分析检验，以期获得更加科学、可靠及有价值的研究结果。

质量要素在供应链管理理论中的重要性与日俱增，学术界对质量因素及其重要性已进行了深入分析。已往研究中有关供应链管理的成果长期以来聚焦在物流、库存、运营成本等领域，大量的研究基于物流管理、库存管理等单一的职能视角，研究供应链管理与运营绩效、成本有效性等之间的关系。已有研究中企业供应链管理能够给企业带来较大竞争力，如保持库存水平可以缓冲客户需求、质量以及配送等供应链不确定性问题，防止供应链中断，但是会引发库存成本或运营成本上升，职能绩效与成本存在难以避免的此消彼长的关系。所以已有研究仅仅注重供应链某个职能的管理和绩效评价，不能从根本上解决以最低的成本最大限度地满足客户需要的问题。企业管理者以及研究人员应当关注更多样的绩效组合，管理人员应当在更广阔的范围对供应链进行管理。而近年来出现的供应链质量管理理论呼吁企业和学术界重视质量要素在供应链管理中的作用。本书则主动响应了这一诉求，依托供应链整合视角翔实界定和分析其对质量管理、企业绩效产生影响的内在机理和外在作用条件。

在现有文献中，学者们对供应链整合与质量管理的研究大都缺乏系统性，缺乏不同维度下供应链整合对不同质量要素影响的具体路径和机理分析。因此，通过对供应链整合维度和质量管理概念进行进一步厘定与划分，对供应链整合与绩效间关系进行新的路径探索，以期弥补目前研究成果的不足、丰富研究维度。

以现代信息技术为基础的信息技术能力是提升供应链管理能力、提高供应链运作效率、促进供应链组织关系建立、改善企业绩效、保持企业持续竞争优势的必要因素。在全球化、科技化和信息化的背景下，新技术、新业态、新模式层出不穷，企业面对的外部环境发生了巨大变化，企业间的竞争逐步以成本导向转为客户需求至上，企业间的关系逐步由零和博弈转变为合作共享，因此，有必要对供应链整合与绩效二者之间的关系进行重新定义和探索。信息技术作为第四次工业革命中的重要工具和媒介，将对企业的供应链整合产生重要影响。但就目前研究情况来看，探索信息化环境下供应链整合与质量管理关系的相关文献数量较少。基于此，本书将新时代、技术背景下的信息技术能力纳入模型，分析并验证其对供应链整合和企业绩效之间关系的影响，具有较强的理论意义和实践意义。

供应链敏捷性作为企业应对外部市场环境不确定性风险的一种重要战略思想，对企业长足发展有着举足轻重的影响。尤其是，在企业供应链敏捷性与企业绩效之间作用关系尚不明确的前提下，供应链敏捷性对供应链整合与企业质量管理的影响机理更值得深入探究，这将是在供应链敏捷性高低的背景中进一步明确企业供应链整合，通过质量管理最终影响企业绩效作用机理链条的重要理论切入点。鉴于此，本研究重点考察供应链敏捷性是否会对供应链整合与质量管理之间关系产生调节效应，以期进一步明确供应链敏捷性在企业供应链整合中的作用机制，为企业管理者提供更多可行的决策参考。

第4章 研究假设与理论模型 >>>

本章主要基于第3章的文献梳理和相关已有研究成果，对本研究的逻辑框架进行理论推演，并提出相应的研究假设。本部分的重点在于：分析供应链整合中供应商整合、客户整合对企业绩效产生影响的内在机理；分析供应链整合对企业质量管理产生影响的内在逻辑；分析流程质量在供应链整合与企业绩效之间关系的中介效应；分析产品质量在供应链整合与企业绩效之间关系的中介效应；分析供应链整合通过流程质量影响产品质量的中介效应；分析信息技术能力对供应链整合与企业绩效之间关系的调节效应；分析供应链敏捷性对供应链整合与企业绩效之间的调节效应。此外，根据本研究的整体逻辑框架和研究假设提出本研究的理论模型。

整体而言，本研究主要基于三种理论逻辑建构理论模型，即资源基础观理论、快速平稳理论和动态能力理论。具体为：

第一，本研究利用资源基础观理论建构基础模型，即基于资源基础观理论建立有关“供应链整合—质量管理—企业绩效”主效应路径的逻辑基石。资源基础观作为解释企业竞争优势以及企业之间绩效存在差异的战略理论，在以往研究中被大量学者广泛应用（Frank et al.，2008；杨道箭和齐二石，2008；Agbim et al.，2014；Kruasoma et al.，2015；Daellenbach，1999）。同时，以往研究也表明，企业拥有的异质性资源与能力是其获得竞争优势以及促进其绩效提升的重要因素（Frank et al.，2008；Furrer et al.，2007；Masakure et al.，2013）。随着研究的深入，有学者指出这种资源可以是企业自身具有的，也可以是企业通过整合外部资源实现自身竞争能力以及企业绩效的有效提升（Brauscheidel et al.，2010）。鉴于此，企业的供应链整合能力作为企业异质性资源的同时，通过整合也可以使得企业进一步获取外部的差异资源，从而有助于其内部运营效率的提升，最终对其绩效具有积极作用。按照资源基础观理论的核心观点，企业拥有的异质性资源和能力（企业利用自有资源全面整合供应商和客户的能力），能够通过企业的内在运营机制（企业可以基于供应链整合能力，进一步利用流程质量和产品质量管理提升企业质量管理运营效率），使企业将自身专有能力（供应链整合能力）转化为市场上的持续竞争力（Bamey，1991），最终对企业绩效产生决定性影响。因此，本研究提炼的“供应链整合—质量管理—企业绩效”理论逻辑与资源基础观理论具有内在一致性，与资源基础观的核心思想较为契合，能够较为清晰体现本研究主效应路径内在理论逻辑。

第二，本研究利用快速平稳理论，进一步建立信息技术能力影响供应链整合与质量管理之间调节效应的理论模型。资源基础观理论虽然在企业战略发展中具有举足轻重的作用，但是，资源基础观理论与其他理论的多元化融合是当前学术界研究企业实践问题的方向（Wan et al.，2011），而快速平稳理论就是资源基础观理论的一个有益补充。快速平稳理论的核心观点认为，企业生产过程中涉及的物流、信息流以及资金流流动的速度越快、越稳定，则企业的产出效率就会越高（周驷华和万国华，2017）。按照快速平稳理论逻辑，企业信息技术能力的提升是其信息流保持快速、平稳运行的重要外在条件，因此，会对企业供应链整合与企业产品和流程质量之间的关系产生重要影响。

第三，本研究基于动态能力理论最终建构整体理论框架模型，即利用动态能力理论建立供应链敏捷性影响供应链整合与质量管理之间调节效应的理论模型。资源基础观理论由于在某种程度上仅是单调而静态地分析企业竞争战略（Teece and Pisano，1994），忽略了企业动态能力的影响。由此，本研究则基于企业动态能力理论中的协调机制理论，系统建立企业供应链敏捷性影响企业供应链整合与质量管理关系的调节效应。按照协调机制理论逻辑，供应链敏捷性是企业在供应链管理动态竞争中取得优势的重要外在调节机制。

4.1 供应链整合对企业绩效的影响

已有大量研究表明，供应链整合对企业绩效具有重要影响，但是，供应链整合对企业绩效的影响效果却存在争议（Swink et al.，2007；Srinivasan and Swink，2015）。根据本书的理论界定，由供应商整合和客户整合两个维度共同构成的供应链整合，主要以共同提升供应商合作效率和客户价值最大化为根本目的。例如，Frohlich 和 Westbrook（2001）发现，与单纯注重客户价值开发的企业相比，同时注重与供应商和客户保持良好关系的企业具有更好的企业绩效。并且，Frohlich 和 Westbrook（2002）还发现，同时基于供应商和客户整合的企业能够在运输成本减少、利润率提升等多个方面表现出良好的发展势头。本研究认为，企业若想在激烈的市场竞争中立足，必须采取高效的供应链整合战略。通过优化供应商选择，加强信息共享，协调物流和库存管理，并积极吸纳客户反馈，企业不仅可以显著降低成本、优化流程，还能显著提升供应链的运营效率。这不仅有助于提升产品质量，更是对供应链整体绩效的全面提升。

本书认为，企业通过优化供应商选择，确保了原材料的质量和供应的稳定性。同时，借助先进的信息技术，企业实现了与供应商、客户之间的实时信息共享，大幅提升了供应链的透明度和响应速度。此外，通过与物流合作伙伴的紧密协调，企业成功地缩短了产品从生产到销售的时间，提高了整体运营效率。更为重要的是，企业积极倾听客户的声音，根据市场需求调整生产和销售策略。这种以客户为中心的策略不仅提升了客户满意度，还为企业带来了更多的市场份额和销售增长。

综上所述，通过实施有效的供应链整合战略，企业不仅可以降低成本、提高运营效率，更能赢得市场、提升品牌影响力。因此，供应链整合是现代企业在竞争激烈的市场环境中取得优势的关键。供应链整合是企业能够保持长期竞争优势的重要策略，会对企业绩效产生积极影响。鉴于此，本研究提出如下假设：

H1：供应链整合对企业绩效具有正向影响。

从供应商整合的角度而言，企业对其供应链中供应商的优化和整合是有效实现其整体发展战略的重要组成部分（Flynn et al.，2010），是企业利用自有资源完成资金流、信息流以及产品服务优化的重要基石，是企业资源优势的一种重要表征。企业能够通过充分发挥供应商整合能力，将不同供应链中供应商的合作密切程度、匹配程度以及优势互补程度视为保障企业战略执行和制度“落地”的关键所在。对于企业可持续发展而言，供应商的整合在提升企业长期竞争力（刘华明和王勇，2017）、优化企业流程（Flynn et al.，2010）、节约企业资源（Robinson and Malhotra，2005）等多个方面发挥着重要作用。从动态能力的角度来看，企业与供应商之间建立长期稳定的协同与合作关系至关重要。这种关系并非表面上的合作，而是通过一系列机制来实现深度的互利共赢。首先，共享市场需求信息是这种合作关系的基础。供应商需要及时、准确地掌握市场需求变化，而企业则需要从供应商那里获取最新的产品信息和供应状况。这样，双方都能根据市场需求调整生产和销售策略，确保产品的市场竞争力。其次，共同制订新产品研发计划是提高竞争力的关键。通过与供应商紧密合作，企业可以更快地将新产品推向市场。这种合作方式可以缩短研发周期、降低研发成本，并快速响应市场变化。此外，共享生产计划也是提高供应链运营效率的重要手段。通过统一的生产计划，企业可以更好地协调生产流程，避免生产过程中的浪费和延误。这不仅提高了生产效率，还有助于降低库存成本，从而优化整个供应链的运营。统一的信息技术系统也是加强协同与合作的关键要素。通过统一的信息技术系统，企业可以实时掌握供应链的运营状况，更好地协调各个环节。这有助于提高供应链的透明度，使企业能够快速发现问题并采取相应措施，确保供应链的稳定运行。

通过这些具体的机制和策略，企业与供应商之间的长期稳定协同与合作关系将转化为企业的动态能力。这种能力不仅有助于提高供应链运营效率、降低运营成本，还能提升企业对市场需求的响应速度，使企业始终保持竞争力。

综上所述，从动态能力的角度出发，企业与供应商之间长期稳定的协同与合作关系与机制是提升竞争力的关键。通过共享信息、共同制订计划、统一信息技术系统等手段，企业可以构建一个高效、协同的供应链体系，从而在激烈的市场竞争中立于不败之地。由此，本研究据此推断供应商整合会对企业绩效具有重要的促进作用。鉴于此，本研究提出如下假设：

H1a：供应商整合对企业绩效具有正向影响。

从客户整合的角度而言，在供应链整合的方式中，客户整合能力同样是企业重要的“无形资源”优势（Zhao et al.，2008），客户价值是企业需要实现的重要目标。按照资源基础观理论逻辑，在当今竞争激烈的市场环境中，客户整合不仅是企业提升绩效的关键途径，更是其获取持久竞争优势的重要源泉。从资源基础的理论视角出发，客户知识和客户数据已蜕变为企业的新型宝贵资产，为企业提供深刻的洞察力，助其更精准地解读客户需求、行为与偏好。企业通过对海量客户数据的高效整合与分析，可以成功地细分出多个目标市场，并为其定制个性化的营销策略，不但可以显著提高营销效果，还可以降低不必要的成本与风险。

客户整合的核心在于将客户反馈深度融入新产品研发计划中。企业通过积极收集客户数据、倾听客户真实声音，持续优化产品和服务质量。这种基于客户需求的创新与改进，不仅提升了产品质量，更铸就了企业的卓越绩效。

此外，客户整合为企业打开了一扇洞察客户真实需求与期望的窗口。通过与客户的互动沟通，企业不仅能及时发现潜在问题，还能不断优化服务流程，提供更为个性化的解决方案。这种深度满足客户需求的方式为企业构建了长期、稳固的客户关系，从而为企业创造持续的价值。在我国，诸如红领集团、海尔集团等企业均已经基于供应链客户开展大规模的“定制化”服务，这是有机整合客户资源的一个重要企业特质，也是企业可持续发展的重要时代特征。企业与客户形成稳定的战略伙伴关系对于企业产品推广、战略纵深和经营理念延续具有重要影响。

综上所述，作为驱动企业高质量和高绩效的核心要素，客户整合在现代商业竞争中扮演着不可或缺的角色。只有通过深入挖掘和利用客户知识与数据，企业才能更好地实施营销策略、提升产品和服务质量，并与客户建立长期紧密的关系。因此，对于追求卓越的企业而言，客户整合无疑是获得高质量和高绩效的重要前提与保障。基于此，本研究提出如下假设：

H1b：客户整合对企业绩效具有正向影响。

4.2 质量管理的中介作用机制

如本书文献综述部分所述，供应链整合与绩效的关系并未在理论界达成一致。尽管大部分学者认为供应链整合促进了绩效的提升，仍有学者认为供应链整合与绩效之间并不存在关系。例如，Swink 等（2007）指出战略供应商整合与企业质量能力之间存在消极的联系，而且战略客户整合与质量管理之间不存在显著关系。Das 等（2006）同样认为供应商整合并不是程度越高越好，而是存在一个理想值。他们进一步指出，任何偏离这个理想值的整合程度都将造成绩效的降低。按照动态能力理论，企业需要将自有异质性资源能力（供应链整合能力）通过某种“机制”（中介作用）转换为企业长期竞争力（企业绩效）。换言之，供应链整合影响企业绩效的作用路径还存在着“黑箱”，需要基于动态能力理论视角提高两者之间的理论解释力。而质量管理是影响供应链整合对企业绩效影响的重要中介变量。

质量是企业获取竞争优势的基石，对于企业来说具有高度的战略意义。质量之于获取竞争优势的战略重要性已经被现有文献广泛接受（Dean and Bowen，1994；Powell，1995；Sousa and Voss，2002）。有学者认为，企业的竞争重点已经从成本的竞争转向了产品和服务质量的竞争（Chang，2003）。提升质量方面的优势使得日本的制造业获得过空前的成功（Schonberger，2007）。质量能力同时也被战略管理研究领域视为企业其他战略能力发展的基础（De Meyer and Ferdows，1990；Flynn et al.，2010），如成本、依赖、柔性被认为都是建立在质量能力的基础之上。

供应链整合与企业质量管理具有深层次的内在一致性，两者都是能够转化为企业竞争力的独特“能力”，均可能对企业绩效产生积极影响。从两者的内在逻辑内涵来看，供应链整合与质量管理都聚焦于客户，最终的目的都是满足客户需要，同时，两者都强调组织要保持持续的改进与学习，都强调系统性地思考企业管理问题：质量管理理论更注重整合企业内部的人、流程以及机器，而供应链整合则将更多注意力放在系统整合外部的合作伙伴上。由此可见，供应链整合可以看作驱动质量管理发挥作用的重要动态能力，而质量管理可以看作企业内部质量管理向供应链上下游的延伸。

4.2.1　质量管理在供应商整合与企业绩效之间的中介作用

在当今竞争激烈的市场环境中，供应商整合能力已经成为企业提升竞争力、降低成本、提高效率的关键要素。根据动态能力理论，这种能力通过企业的内部运营机制，特别是质量管理，将企业的专有能力转化为市场上的持续竞争优势。这一过程不仅直接影响企业的运营效率和经济效益，更对企业长期的战略发展和绩效产生深远的影响。

实际上，很多国外研究已经深入探讨了企业与供应商进行有效整合对质量管理的积极作用。研究显示，没有与供应商的稳固合作，生产制造企业难以长期、持续地提供高质量产品。而与少数几家供应商保持长期稳定的合作关系，对于企业质量管理的稳步提升至关重要。这是因为，与供应商的紧密合作能够帮助企业更好地理解市场需求和变化，从而更精准地进行产品设计和改进。此外，供应商还可以提供关于原材料、技术和市场趋势的专业意见和建议，为企业的战略决策提供有力的支持。

更为重要的是，供应商的参与和合作还能显著提高产品的质量和可靠性。在生产过程中，供应商可以及时提供关于原材料质量的信息和反馈，帮助企业及时发现和解决潜在问题。同时，供应商的专业知识和经验也可以帮助企业改进生产流程、提高生产效率、降低生产成本。

在实践层面，世界各地的质量奖项，如美国的 BNQP 奖、欧洲的 EFQM 奖以及日本的 Deming 质量大奖，都强调了企业与供应商合作关系的重要性。这些奖项的评审标准不仅关注企业的质量管理实践，还特别强调企业与供应商之间的合作关系。这种合作关系被视为企业实现战略目标的关键能力，并通过质量管理对企业绩效产生重大影响。

综上所述，本研究提出以下假设：企业与供应商的稳固合作关系与其质量管理实践共同作用，显著影响企业绩效。这一假设的提出基于对供应商整合能力在质量管理中作用的深入理解，以及对这种关系如何影响企业绩效的探究。

H2：供应商整合通过企业质量管理正向影响企业绩效。

按照动态能力理论逻辑，企业拥有的供应商整合能力，会对质量管理中的流程质量和产品质量产生不同路径的影响，最终将其转化为企业竞争力。具体而言：

第一，供应商整合能够通过流程质量影响企业绩效。仅从质量的层面出发，企业的供应商整合在某种程度上是企业内部质量管理流程在外部供应链上的延续（Stock et al.，1998；杨瑾，2015）。通过与供应商整合，企业与供应商之间的业务流程可以无缝对接，使得物流、信息流、资金流更加快速平稳地在企业之间传递。根据快速平稳理论逻辑，企业的绩效因为更加快速平稳的物流、信息流而得到提升。并且，当企业供应商整合达到一定程度以后，不同企业间高度的整合将扩展企业对对方能力和权重性的理解，进而向目标一致性进行转变，这将促使企业由结果导向的活动转向基于流程控制导向的活动，从而提高流程质量（Vachon and Klassen，2006）。而流程质量的提升会使企业更容易获得质量管理体系比如 ISO 9000 的认可，从而提高企业的资质和声誉，进而提升经营绩效。由此，流程质量可以被视为供应商整合效果传导至企业绩效的“中枢”，在两者之间起到桥梁作用。鉴于此，本研究提出如下假设：

H2a：供应商整合通过流程质量管理正向影响企业绩效。

第二，供应商整合能够通过影响产品质量进而影响企业绩效。企业对供应商进行整合的一个重要目的就是实现产品质量持续改进（Flynn et al.，2010）。通过供应商整合，企业与供应商的合作加深，与供应商的沟通和协调更加密切，企业可以更好地掌握从原材料生产和配送开始的流程，从而更好地把控原料质量，保证产品质量。按照动态能力理论逻辑，供应商整合作为企业的一种重要专属能力，能够制定供应商准入门槛，把控供应商数量，遴选优质供应商，企业提高了供给质量，最终有利于提升产品质量。企业通过供应商整合，促进了供应商与企业之间的信息和知识分享，更加利于供应商按照企业的调整制订新的供应计划，从而利于保证新产品质量。而产品质量是企业满足客户需求和企业战略实现的重要通道，产品质量的提升会直接带动企业市场绩效的提升，继而带来财务绩效的提升。鉴于此，本研究提出如下假设：

H2b：供应商整合通过产品质量管理正向影响企业绩效。

4.2.2　质量管理在客户整合与企业绩效之间的中介作用

在动态能力理论的框架下，供应链上下游的整合可以被视为企业所拥有的一项特殊能力。这项能力强调的是跨企业边界的外部配合在质量管理中的重要性，旨在实现企业绩效的整体提升。

企业内部的质量管理实践不再局限于企业本身，而是延伸到了外部的供应商和客户层面。这要求企业不仅要对供应商和客户进行管理，还要与它们建立紧密的合作关系。例如，让供应商参与产品的开发与决策过程、实施供应商质量管理、强化客户关系管理以及高度关注客户需求等。

与此同时，企业内部的质量管理也离不开供应商的参与和以客户为中心的配合。这正是供应链外部客户整合与供应商整合的核心所在。通过整合上游的供应商和下游的客户，企业能够有效地整理和疏通外部供应链的关键活动。这不仅有助于将外部供应链成员的资源和活动有机地整合到企业的质量管理体系中，还能降低客户整合成本，提升供应链质量管理的效率。

基于动态能力理论，企业可以利用供应链中的客户整合，积极吸纳客户的反馈、改善客户关系、创造客户价值以及快速响应客户需求。这些举措最终将影响并促进企业绩效的提升。通过与外部供应链成员的协同合作，企业能够更好地应对市场变化，提升竞争力，实现持续的发展和成功。

另外，Garvin（1984）研究指出，企业内部的流程质量和产品质量可以影响企业的运营绩效和商业绩效。具体地，按照资源基础观理论逻辑，流程质量管理和产品质量管理可以看作企业实现从“能力”到“绩效”跨越的中间机制。并且，流程质量和产品质量分别通过生产路径和市场路径对企业最终的商业绩效产生效应。在生产路径中，改进的内部流程质量意味着更低的缺陷率和返工率，继而产生增进的运营绩效，比如更低的生产成本、更加可靠的生产流程。运营流程的提升促进了与生产有关的订单获得与流程资质认可，比如 ISO 9000 质量管理体系认证。这些终将推动企业商业绩效的提升。在市场路径中，增进的产品质量直接导致了增加的销量和更大的市场份额，或者说，更小的需求弹性和更高的价格。比如，企业产品品质的提升会提高企业的品牌认可度，实现基于品牌效应的溢价。并且，企业提升产品质量会降低产品保修等的售后服务成本，从而也会促进企业绩效提升。鉴于此，本研究提出如下整合研究假设：

H3：客户整合通过企业质量管理正向影响企业绩效。

从更加细致的角度来看，按照快速平稳理论逻辑，客户整合亦会通过质量管理中的流程质量和产品质量提升对企业绩效产生影响。具体而言，通过客户整合，企业能够及时获取并分析客户的消费体验信息。这样，企业可以根据客户的反馈，迅速发现产品质量等方面的问题。进一步地，企业可以深入探究这些问题产生的根源，从自身的生产加工工艺和流程等方面寻找解决方案。这样的过程不仅能够解决现有问题，还能有效预防类似问题的再次出现，进而显著改善生产流程和产品质量。

流程质量的提升意味着企业在生产体系方面得到了更广泛的认可。例如，获得 ISO 9000 等生产体系认证，无疑提高了企业的资质和声誉。这种认可不仅增强了企业的市场竞争力，还有助于企业赢得更多客户的信任和支持，进而提升整体的企业绩效。

综上所述，客户整合对于企业绩效的提升起到了积极的推动作用，尤其在改善流程质量方面具有显著效果。这不仅有助于企业及时发现并解决问题，还能显著提高企业的生产效率和整体绩效。鉴于此，本研究提出如下假设：

H3a：客户整合通过流程质量管理正向影响企业绩效。

客户整合对企业绩效的影响，还体现在通过提升产品质量来实现。质量，作为企业竞争力的核心要素，其最根本的内涵就是“有用”，即能够满足客户的某种需求。通过客户整合，企业与客户之间建立了更为频繁和紧密的联系。这种联系为企业提供了一个宝贵的渠道，使其能够及时收集客户反馈的信息。这些反馈不仅揭示了客户当前的需求，还为企业提供了关于客户需求变化的洞察。这样，企业就能更准确地把握和理解客户需求的变化，从而在产品设计和功能上进行及时的调整。

更为重要的是，企业通过客户整合，不仅能够应对当前的需求变化，还能对客户的潜在需求做出预测。这为企业提供了一个宝贵的机会，将新的需求纳入产品设计，创造出能够适应新需求的新产品。这种持续的产品创新确保了企业能够持续地满足客户的需求，从而在竞争激烈的市场中保持领先地位。

总的来说，通过客户整合，企业能够紧密地把握客户需求的变化，甚至对潜在需求做出预测。这种前瞻性的视角使得企业能够不断地提升产品质量，持续地满足客户需求，从而保持其市场竞争力。这无疑对企业绩效的提升起到了积极的推动作用。鉴于此，本研究提出如下假设：

H3b：客户整合通过产品质量管理正向影响企业绩效。

4.3　流程质量对产品质量的影响机制

根据快速平稳理论，企业的生产过程如果能基于某种机制实现资金、信息以及流程的快速平稳发展，那么其产品的质量也会随之得到提升。简单来说，按照这一理论的逻辑，如果供应链整合能力能够通过提升流程质量来促进企业生产流程的快速平稳发展，那么它必然会对企业产品质量的提升产生积极的驱动作用。

产品质量是企业质量管理中的核心目标，而实现这一目标的方式和途径是多种多样的。许多学者（Garvin，1984；Sousa and Voss，2002）已经对此进行了深入的研究和探讨。基于之前的研究和分析，本研究进一步指出，流程质量在供应链整合与产品质量管理之间起着重要的枢纽作用。

这一枢纽作用主要体现在两个方面：首先，流程质量直接影响到产品的最终表现。如果生产流程不稳定或者效率低下，将直接导致产品质量的不稳定或下降。其次，流程质量是供应链整合能力的重要体现。一个高效、稳定的流程不仅反映了企业内部各部门的协同合作能力，也体现了企业对外部供应链的整合能力。这种整合能力有助于企业在面对市场变化时迅速做出反应，保持生产的快速平稳发展。

因此，提升流程质量不仅是提高企业生产效率和产品质量的关键，也是实现供应链整合和企业绩效提升的重要途径。通过优化和改进生产流程，企业不仅能够提高自身的竞争力，还能够更好地满足客户需求，实现持续的发展和成功。鉴于此，本研究提出如下整合研究假设：

H4：供应链整合通过流程质量管理正向影响产品质量管理。

从整合的细分维度出发，我们可以深入探讨供应商整合如何通过流程质量管理对产品质量管理产生影响。实际上，供应商整合在很大程度上是一个对企业流程进行优化和提升的过程。这种整合不仅涉及对外部供应商的管理和协调，更强调与供应商之间的深度合作和协同。

Owens 和 Levary（2002）指出，通过有效的供应商整合，企业能够实现与供应商之间的无缝对接，从而提高生产流程的效率和灵活性。这种优化不仅有助于降低成本，还能显著提升产品质量。在具体的实践中，企业通过流程再造等手段，确保与供应商之间信息流、物流和资金流的高效运作。这不仅能够减少生产过程中的冗余和浪费，还能确保对产品从原材料到最终成品整个过程的质量监控和管理。

此外，改善企业产品质量管理也是供应商整合的重要目的之一。Droge 等（2012）进一步强调了供应商整合在提升产品质量中的关键作用。他们认为，与供应商的紧密合作能够帮助企业更好地理解原材料的质量要求，从而在产品设计和生产阶段就确保其高品质。同时，通过与供应商的协同创新，企业还能够引入新的工艺和技术，进一步提升产品的竞争力和市场表现。

综上所述，供应商整合通过优化和提升企业流程质量，为产品质量管理提供了有力支持。这种整合不仅有助于降低成本和提高效率，更重要的是确保了产品的高品质和竞争力。在未来，随着供应链管理的不断发展和深化，供应商整合将在产品质量管理中发挥更加重要的作用。鉴于此，本研究提出如下假设：

H4a：流程质量管理在供应商整合与产品质量管理之间起中介作用。

客户整合通过流程质量影响产品质量。与供应商整合的机理类似，在客户整合的过程中，企业通过与客户的紧密互动和沟通，能够深入了解和发现客户的需求，尤其是那些潜在的、未明确表达的需求。这些需求往往需要企业对其产品设计和生产加工工艺进行有针对性的调整和创新，以开发出真正符合市场需求的新产品。这种基于客户需求调整和创新的实践，对于流程质量的改善起到了积极的推动作用。因为企业在满足客户需求的过程中，会不断地优化其生产流程，确保每一个环节都能够高效、精准地满足客户的期望。这种对流程质量的持续改善，不仅能够提高企业的生产效率，还能够确保产品的高品质和客户的满意度。随着流程质量的提升，产品的质量也会不断得到显著的提升。因为流程质量的改善意味着企业在生产过程中能够更好地控制和优化各个环节，从而确保最终产品的性能、功能和可靠性等方面都达到客户的期望。

综上所述，基于客户整合过程中对需求的深入了解和满足，通过推动企业调整和优化其设计和生产加工工艺，实现了流程质量的改善和产品质量的提升。这种互动和整合对于企业来说，不仅是满足客户需求的重要途径，更是提升自身竞争力、实现持续发展的关键。因此，本研究认为，企业供应链整合中的客户整合也会通过流程质量管理影响产品质量。鉴于此，本研究提出如下假设：

H4b：流程质量管理在客户整合与产品质量管理之间起中介作用。

4.4 信息技术能力的调节作用

按照快速平稳理论逻辑，当信息技术水平较高时，企业供应链整合可能能够更好地驱动企业信息流的快速平稳发展，进而达到提升企业质量管理水平的目标。并且，大量研究均表明，企业供应链整合活动的重点不仅在于破除企业内部各职能部门之间、企业外部不同组织之间的技术等壁垒，更为重要的是整合信息、物流以及流程，使信息流、资金流与物流在供应链上高效传递和交互，使业务流程统一化、标准化，减小流程偏差，降低信息偏差，通过合作实现整条供应链的价值提升，最终达到共赢目标（Van derVaar and Van Donk，2004；Naylor et al.，1999；Pagell，2004）。而企业拥有的信息技术能力是促进供应链绩效提升（Sahin and Robinson，2005）、减轻牛鞭效应（Lee et al.，1997）和降低企业运营成本，提升企业绩效（Lee，2000）的重要途径。

信息技术能力在供应链整合过程中的调节作用已经引起专家学者以及企业界人士的关注和重视。不少学者认为企业要在供应链中实现信息高效的流通及共享离不开有效的信息系统的支持（Vickery et al.，2003；Frohlich and Westbrook，2001）。Das 等（2006）、Huo（2012）在研究中指出，供应链整合对绩效的影响可能无法直接表现出来，需要一些技术或基础设施的支持。已经有文献如 Harland 等（2001）指出，信息技术能力对企业供应链整合战略的实施效果有不可忽视的促进作用，企业间无法匹配或对接的信息技术系统可能导致供应链整合战略的实施效果不佳。因此，企业需要提供匹配的信息技术或基础设施支持才可以实现供应链整合活动对绩效提升的促进效果。

4.4.1　信息技术能力对供应商整合与质量管理关系的调节作用

供应商整合的核心思想是将供应商视为企业运营的重要合作伙伴，强调供应商的参与和交流。这种整合不仅有助于加强企业与供应商之间的合作关系，还能够通过充分的信息共享和业务协同，提高整个供应链的效率和响应速度。

根据快速平稳理论的逻辑，当企业与其供应商进行充分整合后，不同供应商之间的信息交流变得更为流畅和及时。这种信息共享为企业与供应商提供了一个重要的平台，使二者能够迅速地分享市场和客户需求的信息。这种及时的信息流为企业提供了将客户需求更早、更准确地纳入产品设计和生产过程的机会，从而在源头上改善产品的质量。

随着信息技术的迅猛发展，这种信息交流和共享变得更加便捷和高效。通过先进的供应链管理系统和其他信息技术工具，企业可以更快速地获取供应商的实时数据和信息，以便更好地调整生产和满足客户需求。这种信息的高效传递不仅提高了响应速度，还进一步促进了产品质量的提升。

供应商的参与在供应商整合中起着至关重要的作用。通过与供应商的深入合作，企业能够更好地理解供应商的能力和资源，从而实现更为紧密的业务合作。这种合作模式的转变，将传统的结果导向转变为过程控制，使双方的业务流程更加一致和高效。

此外，通过建立统一的信息系统，企业与供应商之间可以实现标准化的信息传递和业务处理协调。这种标准化和统一化的流程不仅提高了双方的合作效率，还进一步保证了流程的质量。

综上所述，供应商整合通过加强信息交流、促进业务协同以及实现标准化和统一化的流程，为企业带来了显著的效益。这种整合不仅提高了产品质量，还增强了整个供应链的竞争力和响应速度。在未来，随着供应链管理的持续发展和创新，供应商整合将在企业运营中发挥更加核心的作用。因此，基于以上分析论述，本书认为信息技术能力对于供应商整合与质量管理的关系有正向调节作用，具体假设如下：

H5：信息技术能力对供应商整合与质量管理的关系起正向调节作用。

H5a：信息技术能力对供应商整合与流程质量的关系起正向调节作用。

H5b：信息技术能力对供应商整合与产品质量的关系起正向调节作用。

4.4.2 信息技术能力对客户整合与质量管理关系的调节作用

在实践中，企业也需要不断通过收集客户信息以精准满足客户需求，进而基于客户的需要不断改进产品质量、变化企业战略、创新产品和流程，为客户提供创新的产品和服务，达到持续不断地满足客户需求的核心目标。满足客户需要是客户整合战略的核心理念，客户整合的实践可以看作传统质量管理实践在外部供应链层面上的深化和延伸，它的目的是利用企业与客户间的密切合作，精准掌握客户需求信息的变化轨迹，进而持续不断地改进企业组织流程与产品设计质量，提升企业绩效（曾琳，2008）。

为了快速满足消费者变化的需求，企业首先需要采取“倾听—测量”的策略。这意味着企业需要积极主动地发掘和了解客户的需求，并及时跟踪和收集客户反馈的信息。在这一过程中，建立有效的沟通渠道是至关重要的。这不仅包括企业内部的各个部门之间，更重要的是与外部供应链成员伙伴之间的信息传递系统。通过界定和建立这些沟通渠道，企业可以确保客户反馈信息在整个供应链上以及企业内部得到快速、高效的分享。这不仅有助于提升企业的响应速度，还能确保产品和服务更好地满足客户需求。

现代化信息技术和信息系统在实现这一目标中发挥着不可或缺的作用。高效运转的信息系统为客户信息的反馈、采集、传递和分享提供了可实现的途径。这不仅提升了信息管理效率，还促进了供应链成员企业建立系统化的客户信息采集和分享系统。

此外，这种信息系统的应用还促使企业组织根据客户的需求改进组织流程，发展系统化的质量改进流程。通过持续地满足甚至超前实现客户未来的需求，企业能够实现价值增值，从而在激烈的市场竞争中获得更大的竞争优势。

综上所述，企业要实现客户整合战略，必须注重信息系统的建设和应用。通过高效的信息管理，企业可以更好地了解客户需求，优化组织流程，提升产品质量，最终实现客户满意和价值增值。所以，我们有理由推断信息系统支持对客户整合与绩效的关系起正向调节作用。具体假设如下：

H6：信息技术能力对客户整合与质量管理之间的关系起正向调节作用。

H6a：信息技术能力对客户整合与流程质量管理之间的关系起正向调节作用。

H6b：信息技术能力对客户整合与产品质量管理之间的关系起正向调节作用。

4.5　供应链敏捷性的调节作用

4.5.1　供应链敏捷性对供应商整合与质量管理关系的调节作用

供应链敏捷性虽然在近些年才受到学术界的重视，但供应链敏捷性对企业绩效提升和企业竞争力增强的显著影响却是大量学者的共识（杨艳玲和田宇，2015）。已有研究仅是对供应链敏捷性影响企业运营绩效和关系绩效的作用进行了初步探索（Gligor and Holcomb，2012；Yusuf et al.，2014；谢磊等，2012），但对于供应链敏捷性影响供应链整合与质量管理绩效关系的分析则较为鲜见。研究表明，按照动态能力理论逻辑，通过协调机制，整合与敏捷性可以发挥交互效应，使供应链既具有一致性，又具有灵活可调的柔性，从而使企业在内外部发展中获得竞争优势（Swafford et al.，2006；Tuck et al.，2008；朱镇和张伟，2014）。通过与供应商进行整合，企业与供应商建立基于过程控制的目标一致性导向的协作机制。在发展过程中，由于企业与供应商之间的交流和信息的分享，供应商与企业都明白了将来可能要基于外部需求的变化对现有机制进行调整，所以企业与供应商之间的合作逐渐转向一种松散、耦合的状态，这种转变实质上赋予了供应链敏捷性；而当外部变化刺激企业对原有协作机制进行调整时，具有高度敏捷性的供应链可以更快速地对外部变化做出反应，从而使企业与供应链伙伴的协作机制更快速地进行优化和调整，促进了供应链重新整合。这种整合与敏捷的交互影响最终促进企业更快速有效地对外界变化做出响应，从而更好地调整企业与供应商之间以及企业内部的生产加工工艺和流程，进而提升流程质量和产品质量。鉴于此，本研究提出如下假设：

H7：供应链敏捷性对供应商整合与质量管理之间的关系起正向调节作用。

H7a：供应链敏捷性对供应商整合与流程质量管理之间的关系起正向调节作用。

H7b：供应链敏捷性对供应商整合与产品质量管理之间的关系起正向调节作用。

4.5.2 供应链敏捷性对客户整合与质量管理关系的调节作用

随着市场竞争的日益激烈，企业客户整合能力已经成为决定企业外部影响力和竞争力的重要因素。客户整合并不仅仅是建立和维护与客户的关系，更是一个深层次的合作过程，旨在实现企业与客户共同面对和解决企业问题，达到双方的有机融合。

根据动态能力理论的逻辑，企业在面对外部市场的变化和需求时，其供应链的敏捷程度决定了企业能否快速适应并利用这些变化。那些供应链敏捷程度较高的企业能够更好地把握外部市场的机会和挑战，从而迅速调整自身的内部流程，优化产品质量，最终提升企业绩效。当企业的供应链敏捷性较高时，意味着企业能够更快地认知和辨识外部市场环境的变化。这种快速响应的能力不仅增强了企业的市场竞争力，还促使企业的客户整合能力得到进一步提升。这种提升的客户整合能力进一步推动了企业流程的优化，从而改善产品质量。

因此，对于现代企业而言，不断提升自身的供应链敏捷性和客户整合能力已经成为至关重要的战略方向。只有在这两个方面取得优势，企业才能在激烈的市场竞争中立于不败之地。鉴于此，本研究提出如下假设：

H8：供应链敏捷性对客户整合与质量管理之间的关系起正向调节作用。

H8a：供应链敏捷性对客户整合与流程质量管理之间的关系起正向调节作用。

H8b：供应链敏捷性对客户整合与产品质量管理之间的关系起正向调节作用。

4.6　本研究理论模型

综合以上分析，本书构建理论模型，如图 4-1 所示。具体而言，本研究理论模型的核心内容在于：第一，深入分析供应链整合对企业绩效产生影响的直接效应，即分析供应链整合不同维度——供应商整合和客户整合对企业绩效产生影响的内在机理；第二，深入剖析供应链整合不同维度对企业绩效产生影响的中介效应，即分析供应商整合和客户整合分别通过流程质量管理和产品质量管理对企业绩效产生中介作用的内在机理；第三，分析质量管理内部传导机制的中介效应，即分析供应商整合和客户整合分别通过流程质量影响产品质量的中介效应；第四，解析信息技术能力对供应链整合对质量管理产生影响的调节效应，即分析供应商整合和客户整合分别对流程质量、产品质量产生影响时，信息技术能力对两者关系产生的调节机制；第五，揭示供应链敏捷性对供应链整合对质量管理产生影响的调节效应，即分析供应商整合和客户整合分别对流程质量、产品质量产生影响时，供应链敏捷性对两者关系产生的调节机制。

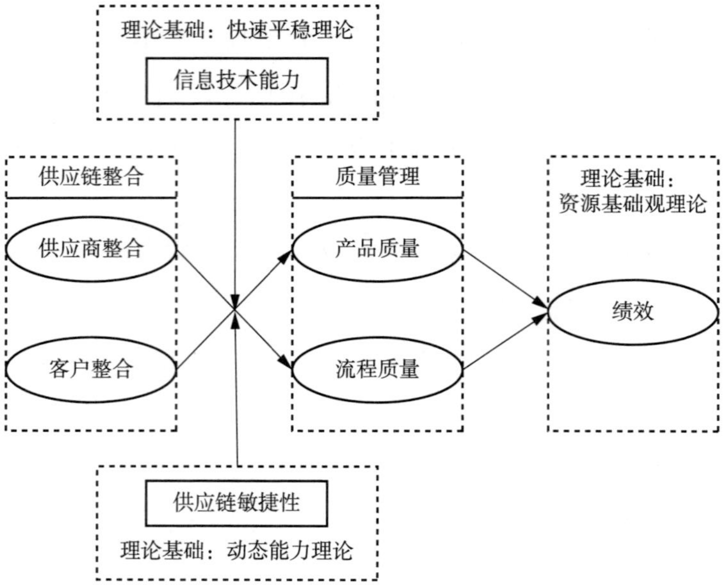

图 4-1　理论模型

4.7　本章小结

在已有文献成果的基础上，本研究遵循理论逻辑和基于企业实践发展事实，分别基于供应链整合影响企业绩效的主效应、供应链整合影响企业绩效的中介效应、流程质量对供应链与产品质量关系的中介效应、信息技术能力对供应链整合与质量管理关系的调节效应以及供应链敏捷性对供应链整合与质量管理关系的调节效应等多个视角提炼出了本研究的理论模型以及 8 个理论研究假设。具体而言，本章的理论假设主要包括：

H1：供应链整合对企业绩效具有正向影响。

H1a：供应商整合对企业绩效具有正向影响。

H1b：客户整合对企业绩效具有正向影响。

H2：供应商整合通过企业质量管理正向影响企业绩效。

H2a：供应商整合通过流程质量管理正向影响企业绩效。

H2b：供应商整合通过产品质量管理正向影响企业绩效。

H3：客户整合通过企业质量管理正向影响企业绩效。

H3a：客户整合通过流程质量管理正向影响企业绩效。

H3b：客户整合通过产品质量管理正向影响企业绩效。

H4：供应链整合通过流程质量管理正向影响产品质量管理。

H4a：流程质量管理在供应商整合与产品质量管理之间起中介作用。

H4b：流程质量管理在客户整合与产品质量管理之间起中介作用。

H5：信息技术能力对供应商整合与质量管理的关系起正向调节作用。

H5a：信息技术能力对供应商整合与流程质量的关系起正向调节作用。

H5b：信息技术能力对供应商整合与产品质量的关系起正向调节作用。

H6：信息技术能力对客户整合与质量管理之间的关系起正向调节作用。

H6a：信息技术能力对客户整合与流程质量管理之间的关系起正向调节作用。

H6b：信息技术能力对客户整合与产品质量管理之间的关系起正向调节作用。

H7：供应链敏捷性对供应商整合与质量管理之间的关系起正向调节作用。

H7a：供应链敏捷性对供应商整合与流程质量管理之间的关系起正向调节作用。

H7b：供应链敏捷性对供应商整合与产品质量管理之间的关系起正向调节作用。

H8：供应链敏捷性对客户整合与质量管理之间的关系起正向调节作用。

H8a：供应链敏捷性对客户整合与流程质量管理之间的关系起正向调节作用。

H8b：供应链敏捷性对客户整合与产品质量管理之间的关系起正向调节作用。

第5章 变量测量与预调研分析

本章重点对第4章中相关研究假设涉及的重要变量进行问卷测量及对研究问卷进行提炼。本章将在已有研究的基础上厘清供应商整合、客户整合、流程质量、产品质量、信息技术能力、供应链敏捷性以及企业绩效等相关变量的问卷测量量表，并对其量表的科学性和完整性进行详细分析。在形成基本的问卷测量量表之后，本书采用118个有效样本进行预调研测试。本章重点利用探索性因子分析对本书涉及的关键变量进行KMO值检验、Bartlett's球体检验、特征值、符合碎石检验以及抽出的因子累计解释方差等多种指标的分析和测度，目的在于精练本研究的预调研问卷，更好地为正式调研服务。

5.1 变量测量

5.1.1 研究量表开发的过程

本研究主要采用调查问卷的方式收集和获得数据，而量表开发是问卷设计的核心内容。不同类型量表的开发有着不同方式，本研究主要在前人研究的基础上获得研究量表。一般而言，研究调查问卷包含的研究量表开发主要基于以下几种方式：一是通过对已有相关文献的研究，利用先前研究者们反复使用、具有较高的信度和效度的测量指标。这些已有的测量指标在使用时，需根据特定的研究需要和研究情况进行适当修正。二是按照研究需求，到典型企业或找到特定调研对象以深度访谈和焦点小组访谈的方式对研究中所涉及的具体构念进行分析和量化，最后形成研究量表。而对于本研究而言，大多数研究变量均是来自成熟量表和在某一领域反复使用的研究变量，故本研究采用第一种方式进行量表开发，具体过程如下：

第一，在深入分析和对比已有文献中有关供应商整合、客户整合、流程质量、产品质量、信息技术能力、供应链敏捷性、企业绩效等相关变量的研究中，对已有文献中上述变量测量量表进行反复研读和凝练，进而提出中国企业发展情境下的研究变量的内容。为确保所形成的量表语句含义的精确性，本研究在此过程中对所有的测量指标均采用严格的双向翻译方式进行。此外，本研究还在广泛征集供应链管理领域的专家和老师意见的基础上对量表初稿进行修改，以保障量表初稿的精准性和专业性。该过程主要是保证量表的内容效度。

第二，在上述量表形成后，邀请 10 位从事供应链管理工作的实践人员进行测试，本研究要求参与者对这个过程中所遇到的任何疑惑和问题提出他们的看法或建议，以进一步识别和修正问卷量表中可能出现的纰漏，达到精练和完善量表的目的。

第三，根据上述实践者回答问卷的具体过程情况，本研究基于问卷的易回答程度对问卷做更进一步的优化。主要的优化方式有两个方面：一是优化问卷填写的时限，保证问卷能够在 10 分钟之内完成，因为如果被访者填写问卷时间过长，内心就会产生浮躁感，从而严重影响到问卷填写的准确性。二是在不影响问卷效度和信度的基础上，对问卷中过长、过多的测量问项做俚语化、简练化的处理，让测量问卷真正做到简洁、全面、语义明确。

第四，在上述问卷测量量表优化的基础上，基于部分研究样本进行预调研。预调研的目的就在于最终对测量量表进行深度优化和修正，让研究问卷适合大规模地发放和收集。

5.1.2　量表来源

（1）供应链整合量表

根据前文所述，供应链整合有多种不同的维度解析以及不同含义的分析，而按照本研究的理论界定，供应链整合主要包括供应商整合和客户整合两个维度。如表 5-1 和表 5-2 所示，本研究主要借鉴 Chen 和 Paulraj

(2004)、Flynn 等 (2010)、Narasimhan 和 Kim (2002)、Stank 等 (2001) 研究者设计的供应链整合量表。其中，供应商整合量表主要包括“与供应商建立了长期合作伙伴关系”“能从供应商处获得所需要的知识与资源”“能够与供应商保持顺畅的交流与沟通”“供应商能够参与企业的产品研发与新产品规划”“供应商能够有效配合企业的生产与采购作业”“供应商与企业能够共享库存信息”6个测项；客户整合量表主要包括“能够快速处理客户反馈以达到客户满意”“能够快速与准确地处理客户订单”“能够迅速获得市场信息”“对于异常订单的处理具有灵活性”4个测项。

表 5-1 供应商整合量表来源

代号	测量变量	量表来源
X_{11}	与供应商建立了长期合作伙伴关系	Chen 和 Paulraj (2004)、Flynn 等 (2010)、Narasimhan 和 Kim (2002)、Stank 等 (2001)
X_{12}	能从供应商处获得所需要的知识与资源	
X_{13}	能够与供应商保持顺畅的交流与沟通	
X_{14}	供应商能够参与企业的产品研发与新产品规划	
X_{15}	供应商能够有效配合企业的生产与采购作业	
X_{16}	供应商与企业能够共享库存信息	

表 5-2 客户整合量表来源

代号	测量变量	量表来源
X_{21}	能够快速处理客户反馈以达到客户满意	Chen 和 Paulraj (2004)、Flynn 等 (2010)、Narasimhan 和 Kim (2002)、Stank 等 (2001)
X_{22}	能够快速与准确地处理客户订单	
X_{23}	能够迅速获得市场信息	
X_{24}	对于异常订单的处理具有灵活性	

(2) 质量管理量表

根据前文所述，本研究所关注的企业质量管理主要包括流程质量以及产品质量两个方面，测量指标主要根据 Garvin (1984)、Sousa 和 Voss (2002) 关于质量的概念和内涵发展而来。如表 5-3 和表 5-4 所示，其中，流程质量量表主要包括“开发过程中将质量因素放在重要位置”“产品/服务的质量是衡量业绩的重要标准”“公司注重对基层员工进行工作技能与质量方面的培训”“公司注重引进先进设备来提高制造质量”“选择供应商的标准主要基于产品质量而非价格”“公司通过不断改进工艺方法提高质量”“员工经常会因为卓越的质量表现而受到奖励”“公司注重使用质量数据分析来进行质量管理”8 个测项；产品质量量表主要包括“公司的产品质量在同行业处于领先水平”“客户对于公司产品质量表示认可”“公司很少因为质量问题受到客户索赔”“公司认为提高质量是增加利润的重要途径”“与产品成本、交付时间相比，公司的竞争中更强调产品质量”5 个测项。

表 5-3　流程质量量表来源

代号	测量变量	量表来源
Y_{11}	开发过程中将质量因素放在重要位置	Garvin（1984）、Sousa 和 Voss（2002）
Y_{12}	产品/服务的质量是衡量业绩的重要标准	
Y_{13}	公司注重对基层员工进行工作技能与质量方面的培训	
Y_{14}	公司注重引进先进设备来提高制造质量	
Y_{15}	选择供应商的标准主要基于产品质量而非价格	
Y_{16}	公司通过不断改进工艺方法提高质量	
Y_{17}	员工经常会因为卓越的质量表现而受到奖励	
Y_{18}	公司注重使用质量数据分析来进行质量管理	

表 5-4　产品质量量表来源

代号	测量变量	量表来源
Y_{21}	公司的产品质量在同行业处于领先水平	Garvin（1984）、Sousa 和 Voss（2002）
Y_{22}	客户对于公司产品质量表示认可	
Y_{23}	公司很少因为质量问题受到客户索赔	
Y_{24}	公司认为提高质量是增加利润的重要途径	
Y_{25}	与产品成本、交付时间相比，公司的竞争中更强调产品质量	

（3）信息技术能力量表

本研究中所指的信息技术能力主要是指企业在 IT 基础设施能力、IT 业务经验能力、IT 无形资源能力等多个方面的综合能力。如表 5-5 所示，本研究主要借鉴 Bhatt 和 Grover（2005）的经典量表进行设计。企业信息技术能力主要包括“拥有完备的数据存储、网络通信等硬件平台设施”“IT 部门非常了解企业的战略和竞争优先级”“IT 部门非常了解企业的业务流程并积极参与组织变革”“IT 部门与业务部门之间可以很好地沟通并领会对方的意图”“IT 部门与业务部门之间信任度很高并相互负责”5 个测项。

表 5-5 信息技术能力量表来源

代号	测量变量	量表来源
M_{11}	拥有完备的数据存储、网络通信等硬件平台设施	Bhatt 和 Grover（2005）
M_{12}	IT 部门非常了解企业的战略和竞争优先级	
M_{13}	IT 部门非常了解企业的业务流程并积极参与组织变革	
M_{14}	IT 部门与业务部门之间可以很好地沟通并领会对方的意图	
M_{15}	IT 部门与业务部门之间信任度很高并相互负责	

（4）供应链敏捷性量表

本研究中所指的供应链敏捷性主要是指企业供应链应对和识别内外部风险的能力以及应对突发性事件的灵活度。如表 5-6 所示，本研究主要借鉴 Swafford 等（2006）的经典量表进行设计。供应链敏捷性主要包括“本企业供应链具有缩短生产前置期的能力”“本企业供应链具有缩短产品开发周期的能力”“本企业供应链具有提高推出新产品的频率的能力”“本企业供应链具有提高产品定制化水平的能力”“本企业供应链具有快速调整产品交付的能力”“本企业供应链具有快速调整库存周转的能力”“本企业供应链具有提高客户服务水平的能力”“本企业供应链具有提高运输可靠性和提高市场反应的能力”8 个测项。

表 5-6 供应链敏捷性量表来源

代号	测量变量	量表来源
S_{11}	本企业供应链具有缩短生产前置期的能力	Swafford 等（2006）
S_{12}	本企业供应链具有缩短产品开发周期的能力	
S_{13}	本企业供应链具有提高推出新产品的频率的能力	
S_{14}	本企业供应链具有提高产品定制化水平的能力	
S_{15}	本企业供应链具有快速调整产品交付的能力	
S_{16}	本企业供应链具有快速调整库存周转的能力	
S_{17}	本企业供应链具有提高客户服务水平的能力	
S_{18}	本企业供应链具有提高运输可靠性和提高市场反应的能力	

（5）企业绩效量表

如表 5-7 所示，本研究主要借鉴 Gunasekaran 和 Ngai（2004）、Vickery 等（2003）的研究量表进行设计。企业绩效主要包括“相比竞争对手，公司在产品/服务质量方面表现出色”“公司的生产效率一直很高”“公司在产品成本控制方面表现很好”“公司能够保证很高的订单准时率”“客户对公司产品/服务具有较高的满意度”“相比竞争对手，公司具有更高的产品利润率”“相比竞争对手，公司具有更高的销售增长率”“相比竞争对手，公司在市场占有率上不断提升”8 个测项。

表 5-7　企业绩效量表来源

代号	测量变量	量表来源
Y_{31}	相比竞争对手，公司在产品/服务质量方面表现出色	Gunasekaran 和 Ngai（2004）、Vickery 等（2003）
Y_{32}	公司的生产效率一直很高	
Y_{33}	公司在产品成本控制方面表现很好	
Y_{34}	公司能够保证很高的订单准时率	
Y_{35}	客户对公司产品/服务具有较高的满意度	
Y_{36}	相比竞争对手，公司具有更高的产品利润率	
Y_{37}	相比竞争对手，公司具有更高的销售增长率	
Y_{38}	相比竞争对手，公司在市场占有率上不断提升	

（6）控制变量

以往有关供应链整合和企业绩效的相关研究表明，企业性质、企业规模、企业所在行业以及被访者级别等因素可能会对企业绩效产生影响（Vickery et al.，2003；Frohlich and Westbrook，2001；赵晶和朱镇，2010；Lai et al.，2008；刘华明和王勇，2016）。因此，为了确保本研究结果的科学性，使其更加真实、客观地反映企业供应链整合、企业绩效与其他相关变量之间的内在联系，本研究将企业性质、企业规模、企业所在行业、被访者级别等因素作为控制变量。

5.2 探索性因子分析

5.2.1 预调研内容

如附录 1 所示，本研究预调研问卷的基本情况为：

（1）预调研问卷内容

在第一部分测量量表开发的基础上形成本次预调研问卷。具体而言，本研究的预调研问卷主要包含以下几个方面：

第一部分为问卷答题要求。本部分重点强调两个方面：一是说明了填写时间为 10 分钟以内，让被访者感觉会轻松答完题，防止其产生焦虑感，最终保证问卷填写质量；二是强调了问卷填写的匿名性，让被访者能够较为真实地填写自己的感知，以保证我们研究结论的可靠性，也便于本研究能够真实了解企业供应链整合与企业绩效之间的作用关系。

第二部分为供应链整合测项，主要包含供应商整合和客户整合两个部分的内容，其中供应商整合为 6 个测项、客户整合为 4 个测项。

第三部分为质量管理测项，主要包括流程质量和产品质量两个部分的内容，其中流程质量为 8 个测项、产品质量为 5 个测项。

第四部分为信息技术能力测项，主要包括 5 个测项。

第五部分为供应链敏捷性测项，主要包括 8 个测项。

第六部分为企业绩效测项，主要包括 8 个测项。

最后一部分为控制变量的测项，主要包括企业性质、企业规模、企业所在行业以及被访者级别等测项。

本研究所有量表均采用李克特 7 点计分法来测量被访者对每个测量题项同意的程度，从“1”到“7”分别对应“完全不同意”到“完全同意”之间的不同程度水平。

（2）预调研样本来源及总体结构

预调研的目的在于对本研究设计问卷进行探索性因子分析，同时，也是为了深度检验本研究设计问卷的科学性。预调研问卷在北京发放 120 份，回收 120 份，在对漏填较多、明显乱填以及回答不认真的问卷进行剔除以后，得到有效问卷 118 份，有效率为 98.3%。

在进行探索性因子分析之前，本研究首先对其控制变量进行描述性统计分析。描述性统计分析是对相关数据特征进行归纳与描述，从而反映出不同变量间关系的一种统计手段。它可以对所得调研数据进行归类、整理、简化、制图等，能够对调研数据的分布态势、相关程度与离散程度等进行描述与统计，常见的平均值、相关系数、标准差等，都属于描述性统计分析常用的参数。本书主要应用描述性统计分析对涉及的企业资料与被访者的个人情况等问题进行分析，如企业性质、企业规模、所处行业、被访者级别等，主要目的在于分析问卷所得数据的分布范围，是否符合设计要求，参与调研人员的样本是否具有代表性。具体而言，本研究的预调研样本总体结构为：就企业性质而言，国有企业 58 家，占 49.15%；三资企业（中外合作企业、中外合资企业、外商独资企业）16 家，占 13.56%；集体企业 8 家，占 6.78%；私营企业 36 家，占 30.51%。就企业规模而言，50 人及以下 35 家，占 29.66%；51～100 人 36 家，占 30.51%；101～500 人 15 家，占 12.71%；501～1000 人 22 家，占 18.65%；1001 人及以上 10 家，占 8.47%。就企业所在行业而言，制造业 35 家，占 29.66%；电气机械及器材业 10 家，占 8.47%；服务零售业 40 家，占 33.90%；计算机、通信及电子设备业 27 家，占 22.88%；石油化工业 4 家，占 3.39%；其他 2 家，占 1.69%。就被访者级别而言，高层管理者 28 人，占 23.73%；中层管理者 69 人，占 58.47%；基层人员 21 人，占 17.80%。从总体样本结构来看，预调研问卷在企业、行业以及被访者方面具有一定代表性。

5.2.2　探索性因子分析

已有研究表明，在进行探索性因子分析之前，需要对预调研所得到的样本数据进行 KMO（Kaiser-Meyer-Olkin Measure of Sampling Adequacy）值检验和 Bartlett's 球体检验（林震岩，2007），因此，本研究利用 SPSS 软件对预调研样本做这两种检验，这也是判断是否可以对样本进行探索性因子分析的重要前提。学术界通常认为 KMO 值需要大于 0.5，并且最好能够高于 0.7（林震岩，2007）；Bartlett's 球体检验主要是检验变量之间相互独立假设的统计量，若拒绝原假设，则说明适合做探索性因子分析（刘军，2008）。

本研究采用学术界的通用做法，令探索性因子分析结果的临界值满足的条件为：特征值大于 1、符合碎石检验以及抽出的因子累计解释方差大于 60%，各测项之间不存在因子交叉符合现象且载荷绝对值大于 0.5 以上等（李辉等，2012）。同时，由于本研究中的潜变量数量较多，同时将所有的潜变量放在一起进行探索性因子分析会产生一定的问题（刘军，2008），因此，本研究为了避免这一问题，采用 Chou 和 Bentler（1998）的建议，将所有研究变量分成若干组，一一进行探索性因子分析。其结果如下：

第一，供应链整合探索性因子分析结果。如表 5-8 所示，供应链整合两个维度的 KMO 值为 0.825，Bartlett's 球体检验的统计量在小于 0.001 的水平上显著。参照 KMO 值必须大于等于 0.7 的要求以及根据 Bartlett's 球体检验结果可知，供应链整合各因子比较适合做探索性因子分析。表 5-9 中的探索性因子分析结果表明，在对主成分进行分析之后，供应链整合产生了两个共同因子，两个因子聚合后的共同因子特征根都大于 1，并且能够累计解释 73.251%的变异，达到本研究中所设定的大于 60%的标准。此外，各个测项旋转后的因子载荷均超过 0.5，未出现跨因子现象。因此，本研究部分测量量表达到标准。

表 5-8　供应链整合因子分析适切性检验结果

KMO		0.825
Bartlett's 球体检验	Approx. Chi-Square	467.355
	df	121
	Sig.	0.000

表 5-9　供应链整合的 EFA 结果（N=118）

构念	指标	因子 1	因子 2
供应商整合（SI）	X_{12}	0.877	
	X_{15}	0.852	
	X_{16}	0.836	
	X_{14}	0.818	
	X_{13}	0.798	
	X_{11}	0.765	
客户整合（CI）	X_{23}		0.863
	X_{21}		0.826
	X_{22}		0.801
	X_{24}		0.732
特征值		3.281	2.592
解释变异（%）		41.33	31.921
累计解释变异（%）		73.251	

第二，质量管理探索性因子分析结果。如表 5-10 所示，质量管理两个维度的 KMO 值为 0.854，Bartlett's 球体检验的统计量在小于 0.001 的水平上显著。参照 KMO 值必须大于等于 0.7 的要求以及根据 Bartlett's 球体检验结果可知，质量管理各因子比较适合做探索性因子分析。表 5-11 中的探索性因子分析结果表明，在对主成分进行分析之后，质量管理产生了两个共同因子，两个因子聚合后的共同因子特征根都大于 1，并且能够累计解释 67.181% 的变异，达到本研究中所设定的大于 60% 的标准。此外，各个测项旋转后的因子载荷均超过 0.5，但 Y_{17} 因子出现了跨因子现象。因此，本研究考虑将这个测量题项剔除，以达到纯化量表的目的。

表 5-10　质量管理因子分析适切性检验结果

KMO		0.854
Bartlett's 球体检验	Approx. Chi-Square	1371.818
	df	75
	Sig.	0.000

表 5-11 质量管理的 EFA 结果（N=118）

构念	指标	因子 1	因子 2
流程质量（PCQ）	Y_{13}	0.858	
	Y_{15}	0.836	
	Y_{14}	0.820	
	Y_{16}	0.796	
	Y_{12}	0.762	
	Y_{17}	0.673	0.571
	Y_{11}	0.670	
	Y_{18}	0.658	
产品质量（PRQ）	Y_{22}		0.878
	Y_{21}		0.866
	Y_{25}		0.839
	Y_{24}		0.805
	Y_{23}		0.754
特征值		4.035	3.145
解释变异（%）		37.252	29.929
累计解释变异（%）		67.181	

第三，信息技术能力探索性因子分析结果。如表 5-12 所示，信息技术能力的 KMO 值为 0.905，Bartlett's 球体检验的统计量在小于 0.001 的水平上显著。参照 KMO 值必须大于等于 0.7 的要求以及根据 Bartlett's 球体检验结果可知，信息技术能力比较适合做探索性因子分析。表 5-13 中的探索性因子分析结果表明，在对主成分进行分析之后，信息技术能力产生了一个共同因子，因子聚合后的共同因子特征根大于 1，并且能够累计解释 70.323%的变异，达到本研究中所设定的大于 60%的标准。此外，各个测项旋转后的因子载荷均超过 0.5。因此，本研究考虑将所有测量题项予以保留。

表 5-12 信息技术能力因子分析适切性检验结果

KMO		0. 905
Bartlett's 球体检验	Approx. Chi-Square	1468. 352
	df	85
	Sig.	0. 000

表 5-13 信息技术能力的 EFA 结果（N=118）

构念	指标	因子 1
信息技术能力（IIC）	M_{13}	0. 885
	M_{15}	0. 871
	M_{12}	0. 843
	M_{11}	0. 826
	M_{14}	0. 765
特征值		3. 512
解释变异（%）		70. 323
累计解释变异（%）		70. 323

第四，供应链敏捷性探索性因子分析结果。如表 5-14 所示，供应链敏捷性的 KMO 值为 0. 868，Bartlett's 球体检验的统计量在小于 0. 001 的水平上显著。参照 KMO 值必须大于等于 0. 7 的要求以及根据 Bartlett's 球体检验结果可知，供应链敏捷性比较适合做探索性因子分析。表 5-15 中的探索性因子分析结果表明，在对主成分进行分析之后，供应链敏捷性产生了一个共同因子，因子聚合后的共同因子特征根大于 1，并且能够累计解释 68. 335%的变异，达到本研究中所设定的大于 60%的标准。此外，各个测项旋转后的因子载荷均超过 0. 5。因此，本研究考虑将所有测量题项予以保留。

表 5-14 供应链敏捷性因子分析适切性检验结果

KMO		0. 868
Bartlett's 球体检验	Approx. Chi-Square	935. 116
	df	62
	Sig.	0. 000

表 5-15　供应链敏捷性的 EFA 结果（N=118）

构念	指标	因子 1
供应链敏捷性（SA）	S_{15}	0. 835
	S_{12}	0. 817
	S_{18}	0. 802
	S_{17}	0. 762
	S_{16}	0. 718
	S_{14}	0. 701
	S_{13}	0. 663
	S_{11}	0. 651
特征值		3. 151
解释变异（%）		68. 335
累计解释变异（%）		68. 335

第五，企业绩效探索性因子分析结果。如表 5-16 所示，企业绩效的 KMO 值为 0. 894，Bartlett's 球体检验的统计量在小于 0. 001 的水平上显著。参照 KMO 值必须大于等于 0. 7 的要求以及根据 Bartlett's 球体检验结果可知，企业绩效比较适合做探索性因子分析。表 5-17 中的探索性因子分析结果表明，在对主成分进行分析之后，企业绩效产生了一个共同因子，因子聚合后的共同因子特征根大于 1，并且能够累计解释 69. 266%的变异，达到本研究中所设定的大于 60%的标准。此外，各个测项旋转后的因子载荷均超过 0. 5。因此，本研究考虑将所有测量题项予以保留。

表 5-16　企业绩效因子分析适切性检验结果

KMO		0. 894
Bartlett's 球体检验	Approx. Chi-Square	1088. 586
	df	91
	Sig.	0. 000

表5-17 企业绩效的EFA结果（N=118）

构念	指标	因子1
企业绩效（SP）	P_{11}	0.885
	P_{12}	0.853
	P_{14}	0.838
	P_{13}	0.815
	P_{16}	0.792
	P_{17}	0.763
	P_{15}	0.712
	P_{18}	0.673
特征值		3.454
解释变异（%）		69.266
累计解释变异（%）		69.266

5.3 本章小结

本章重点利用预调研数据对相关变量进行了探索性因子分析，主要目的在于进一步精练和优化调研问卷。在已有研究基础上，进一步明确了本研究问卷的设计过程和主要步骤。从问卷形成视角看，本研究共形成了如下测项：在借鉴Chen和Paulraj（2004）、Flynn等（2010）、Narasimhan和Kim（2002）、Stank等（2001）学者的研究基础上形成了供应商整合量表，主要包括“与供应商建立了长期合作伙伴关系”“能从供应商处获得所需要的知识与资源”“能够与供应商保持顺畅的交流与沟通”“供应商能够参与企业的产品研发与新产品规划”“供应商能够有效配合企业的生产与采购作业”“供应商与企业能够共享库存信息”6个测项；客户整合量表主要包括“能够快速处理客户反馈以达到客户满意”“能够快速与准确地处理客户订单”“能够迅速获得市场信息”“对于异常订单的处理具有灵活性”4个测项。在借鉴Garvin（1984）、Sousa和Voss（2002）等学者的量表的基础上形成质量管理量表，其中，流程质量量表主要包括“开发过程中将质量因素放在重要位置”“产品/服务的质量是衡量业绩的重要标准”“公司注重对基层员工进行工作技能与质量方面的培训”“公司注重引进先进设备来提高制造质量”“选择供应商的标准主要基于产品质量而非价格”“公司通过不断改进工艺方法提高质量”“员工经常会因为卓越的质量表现而受到奖励”“公司注重使用质量数据分析来进行质量管理”8个测项；产品质量量表主要包括“公司的产品质量在同行业处于领先水平”“客户对于公司产品质量表示认可”“公司很少因为质量问题受到客户索赔”“公司认为提高质量是增加利润的重要途径”“与产品成本、交付时间相比，公司的竞争中更强调产品质量”5个测项。在借鉴Bhatt和Grover（2005）的经典量表的基础上形成企业信息技术能力量表，主要包括“拥有完备的数据存储、网络通信等硬件平台设施”“IT部门非常了解企业的战略和竞争优先级”“IT部门非常了解企业的业务流程并积极参与组织变革”“IT部门与业务部门之间可以很好地沟通并领会对方的意图”“IT部门与业务部门之间信任度很高并相互负责”5个测项。在借鉴Swafford等（2006）的基础上形成供应链敏捷性量表，主要包括“本企业供应链具有缩短生产前置期的能力”“本企业供应链具有缩短产品开发周期的能力”“本企业供应链具有提高推出新产品的频率的能力”“本企业供应链具有提高产品定制化水平的能力”“本企业供应链具有快速调整产品交付的能力”“本企业供应链具有快速调整库存周转的能力”“本企业供应链具有提高客户服务水平的能力”“本企业供应链具有提高运输可靠性和提高市场反应的能力”8个测项。在借鉴Gunasekaran和Ngai（2004）、Vickery等（2003）的研究量表的基础上形成企业绩效量表，主要包括“相比竞争对手，公司在产品/服务质量方面表现出色”“公司的生产效率一直很高”“公司在产品成本控制方面表现很好”“公司能够保证很高的订单准时率”“客户对公司产品/服务具有较高的满意度”“相比竞争对手，公司具有更高的产品利润率”“相比竞争对手，公司具有更高的销售增长率”“相比竞争对手，公司在市场占有率上不断提升”8个测项。

此外，本研究预调研的探索性因子分析结果表明，各变量在对主成分进行分析之后，各个构念均产生了共同因子，因子聚合后的共同因子特征根大于 1，并且能够累计解释的变异完全满足本研究中所设定的大于 60% 的标准。此外，各个测项旋转后的因子载荷均超过 0.5。同时根据因子之间是否出现跨因子现象，对相应的测量题项进行保留或删除。在此基础上，形成了本研究的最终正式测量量表。本研究最终形成的正式量表中，供应链整合共 10 个测项，供应商整合与客户整合分别包括 6 个测项和 4 个测项；质量管理共 12 个测项，流程质量与产品质量分别包括 7 个测项（删除了 Y_{17}）和 5 个测项；企业信息技术能力共包括 5 个测项；供应链敏捷性共包括 8 个测项；企业绩效共包括 8 个测项。

第6章 正式调研与假设检验

本章以第 5 章形成的问卷为蓝本形成正式问卷，在北京、山东、宁夏、辽宁、福建等省市进行了大样本数据调研。本章重点对大样本调研数据进行如下几个方面的分析：大样本数据的总体结构，共同方法偏差检验，信度、效度检验，验证性因子分析，多元回归分析等。在对正式调研数据进行分析的基础上，验证本研究第 4 章提出的研究假设，并对实证检验结果进行深入分析。

6.1 正式调研

6.1.1 数据收集与分析

（1）数据收集

在第 5 章分析的基础上，本章开始了大规模的数据收集。限于人力，本研究在尽可能照顾不同省市样本代表性的前提下进行了便利抽样。具体而言，自 2023 年 3 月至 12 月，本研究数据收集过程历时 9 个月。本研究正式调研在北京、山东、宁夏、辽宁、福建等省份各发放了 200 份问卷，共计发放 1000 份问卷，回收有效问卷 555 份，回收率为 55. 5%。

（2）样本的总体结构

在实证检验之前，本研究对控制变量做了相应的描述性统计分析以及各个变量的测量指标分析。对样本总体结构进行分析的主要目的在于两个方面：一是考察抽样样本的代表性；二是就样本的数据形态予以分析和判断。本研究主要依据各构念测量指标的均值、标准差、偏度以及峰度等对数据形态予以判断，判断标准为当偏度绝对值小于 3，且峰度绝对值小于 10 时，则可判定样本数据形态服从于正态分布，否则为非正态分布（黄芳铭，2005）。具体分析如下：

第一，基于控制变量来看，样本数据的结构分布较为合理（如表 6-1 所示）。正式样本总体结构为：就企业性质而言，国有企业 299 家，占 53.9%；三资企业（中外合作企业、中外合资企业、外商独资企业）32 家，占 5.8%；集体企业 140 家，占 25.2%；私营企业 84 家，占 15.1%。就企业规模而言，50 人及以下 107 家，占 15.7%；51~100 人 170 家，占 39.5%；101~500 人 142 家，占 20.8%；501~1000 人 162 家，占 23.7%；1001 人及以上 2 家，占 0.3%。就企业所在行业而言，制造业 172 家，占 25.2%；电气机械及器材业 117 家，占 17.1%；服务零售业 122 家，占 17.9%；计算机、通信及电子设备业 186 家，占 27.2%；石油化工业 64 家，占 9.4%；其他 22 家，占 3.2%。就被访者级别而言，高层管理者 191 人，占 28%；中层管理者 284 人，占 41.6%；基层人员 208 人，占 30.4%。从总体样本结构来看，正式调研问卷在企业、行业以及被访者方面具有一定代表性。

表 6-1　正式调研样本人口统计变量描述性统计（N=555）

变量及分类		频率	
变量	分类	数量/家	百分比/%
企业性质	国有企业	299	53.9
	集体企业	140	25.2
	三资企业	32	5.8
	私营企业	84	15.1
企业规模	50 人及以下	107	15.7
	51~100 人	170	39.5
	101~500 人	142	20.8
	501~1000 人	162	23.7
	1001 人及以上	2	0.3

续表

变量及分类		频率	
变量	分类	数量/家	百分比/%
所在行业	制造业	172	25.2
	电气机械及器材业	117	17.1
	服务零售业	122	17.9
	计算机、通信及电子设备业	186	27.2
	石油化工业	64	9.4
	其他	22	3.2
被访者级别	高层管理者	191	28
	中层管理者	284	41.6
	基层人员	208	30.4

第二，从判断数据形态的各个指标来看，正式调研所得的样本数据中各个测量指标均符合正态分布。如表 6-2 所示，各个测量变量偏度的绝对值均小于 3，且峰度的绝对值均在 10 以内，说明该数据形态为正态分布。此外，在本研究正式测量量表中所有测量题项共有 43 个，而最终得到的样本总量为 555，样本总量与测量题项之比不仅符合 5∶1 的标准，且样本总量也满足大于最小值 100 的要求，因此正式调研所得到的数据完全可以利用结构方程进行后续检验。

表 6-2　正式调研数据的描述性统计（N=555）

变量	平均值	标准差	偏度	峰度
X_{11}	5.35	1.600	−0.948	0.921
X_{12}	5.49	1.265	−0.896	0.893
X_{13}	5.30	1.230	−0.826	1.013
X_{14}	5.49	1.236	−1.205	1.880
X_{15}	5.27	1.374	−0.750	0.288
X_{16}	5.49	1.149	−0.914	1.448
X_{21}	5.61	1.209	−1.007	0.999
X_{22}	5.78	1.160	−1.280	2.520

续表

变量	平均值	标准差	偏度	峰度
X_{23}	5. 83	1. 264	−1. 132	1. 748
X_{24}	5. 67	1. 413	−1. 200	1. 936
Y_{11}	5. 73	1. 252	−1. 168	2. 200
Y_{12}	5. 44	1. 416	−0. 802	0. 679
Y_{13}	5. 59	1. 210	−0. 799	0. 444
Y_{14}	5. 52	1. 463	−0. 757	0. 244
Y_{15}	5. 72	1. 200	−0. 820	0. 622
Y_{16}	5. 76	1. 044	−1. 211	2. 459
Y_{17}	5. 71	1. 011	−0. 954	1. 797
Y_{21}	5. 67	1. 200	−1. 240	2. 590
Y_{22}	5. 56	1. 196	−1. 058	1. 874
Y_{23}	5. 59	1. 148	−1. 201	2. 466
Y_{24}	5. 36	1. 266	−0. 872	0. 843
Y_{25}	5. 30	1. 362	−0. 931	1. 308
M_{11}	5. 54	0. 967	−0. 829	1. 915
M_{12}	5. 56	1. 001	−1. 208	2. 899
M_{13}	5. 42	1. 110	−0. 991	1. 947
M_{14}	5. 62	0. 994	−1. 183	2. 849
M_{15}	5. 47	1. 231	−1. 161	2. 336
S_{11}	4. 65	1. 052	−1. 009	1. 902
S_{12}	4. 66	1. 044	−1. 113	2. 101
S_{13}	4. 63	1. 776	1. 374	1. 518
S_{14}	4. 56	1. 109	−1. 058	2. 070
S_{15}	3. 24	1. 699	−1. 016	1. 370
S_{16}	4. 73	1. 099	−1. 191	2. 548
S_{17}	4. 30	1. 620	−1. 116	1. 825

续表

变量	平均值	标准差	偏度	峰度
S_{18}	4.30	1.488	-0.941	1.222
P_{11}	4.50	1.406	-0.989	1.234
P_{12}	4.48	1.358	-0.717	0.699
P_{13}	4.35	3.170	-0.478	-0.801
P_{14}	4.43	2.221	-0.442	-0.590
P_{15}	4.36	2.639	-0.495	-0.513
P_{16}	5.55	1.219	-0.902	1.133
P_{17}	5.56	1.561	-0.939	0.758
P_{18}	5.54	0.924	-1.048	2.482

6.1.2 共同方法偏差检验

共同方法偏差（common method biases）是一种系统性的误差，其主要是指因为相同的样本数据来源或评分者、相同的测量环境、项目语境以及项目本身特征所造成的预测变量与效标变量两者之间发生的人为共变，这种人为的共变会对研究结果产生严重的混淆并对结论有潜在的误导（Podsakoff et al.，2003）。

针对研究中可能出现的共同方法偏差的影响，一般可以利用程序方法和统计方法两种手段对共同方法偏差进行控制。程序方法主要是在保护被访者的匿名性、平衡测量指标顺序效应以及对测量指标进行改进等方面尽量消除共同方法偏差的影响。而较为常用的统计方法主要是 Harman 单因素检验方法和潜在误差变量控制法。前者虽然简单易用，但仅仅是一种评估共同方法变异严重程度的诊断技术，而且是一种不灵敏的检验方法，并没有任何控制方法效应的作用（周浩和龙立荣，2004），因为即使在因子分析中出现了单一因子或单一因子可以解释全部测项的方差，除了可以做出“共同方法偏差是重要问题”的可能性推断外，还可做出“构念之间缺乏区分效度或之所以相关是因为它们之间存在因果关系（或两者皆有）”

的推断（Podsakoff et al.，2003），故后者相对而言比较精确。鉴于此，本研究采用潜在误差变量控制法对共同方法偏差进行检验。检验结果表明（如表6-3所示），本研究采用的研究方法对因变量与效果变量之间的关系不具有显著影响。换言之，我们认为本研究所采用的研究方法所收集到的样本数据并不存在共同方法偏差。

表6-3 共同方法偏差检验结果（N=555）

	χ^2	df	χ^2/df	RMSEA	NFI	CFI	IFI	GFI
不含共同方法因子	175.26	48	3.65	0.069	0.97	0.98	0.98	0.95
含有共同方法因子	149.45	41	3.64	0.067	0.98	0.99	0.99	0.96

6.2 验证性因子分析

本节主要是通过验证性因子分析对样本数据的信度与效度予以检验，同时考察各个构念测量模型的整体拟合度以及适配度情况。

6.2.1 信度、效度及测量模型适配度检验标准

（1）信度判断标准

信度（reliability）主要是指对问卷的内部一致性进行分析，为了保证调研过程中对于相关变量测度的一致性，使得调研结果具有较高的可重复性与可信性，需要进行信度测试。一般来说，一共有三种信度类型：第一种被称为复本信度（parallel forms reliabi1ity），主要对跨形式的一致程度进行考察，通过采用两种相似的测度方法与手段，分别完成同样的测度任务，对两种不同测度方法的结果的相似程度进行比较分析。第二种被称为内部一致性信度（internal consistency reliability），主要对跨项目的一致程度进行考察，通过采用多个测试指标对同一概念进行测度与分析，比较多个测试指标之间的一致程度，主要是对调研中内部题目的一致程度进行测度。第三种被称为再测信度（retest reliability），主要对跨时空的一致程度进行考察，通过同一组人员在不同时间先后对同样的测试项目进行回答，

比较两次测试分数之间的相关程度，主要对调研结果的稳定程度进行测度。本书选取 Cronbach's alpha 参数对模型的信度进行检验。在以往研究中，Cronbach's α 系数的大小被学者们用作测量量表信度的指标，一般认为该系数值在 0.7 以上为可接受范围（刘军，2008）。除此之外，本研究中还将对各个构念的组合信度（CR）进行检验。作为一组潜在测量指标的一致性程度，组合效度的高低决定了各个共同因子间变异的程度（黄芳铭，2005）。就组合信度的标准而言，最好不要低于 0.6，且越大越好（黄芳铭，2005；刘军，2008）。同时，在进行验证性因子分析后，各个因子标准化的系数值大小也可作为判断个别构念的信度大小的标准。如 Cronbach's α 系数一样，尽管学术界并未对标准化系数大小形成统一标准，但大多数学者认为当因子标准化系数大于 0.5 时，则表明变量具有较好的信度（邱皓政和林碧芳，2009）。因此，本研究将通过上述三个标准对各个变量进行信度检验。

（2）效度判断标准

效度（validity）主要是用来分析调查中所使用的技术方法与手段是否能够准确地对所调查的事件做出准确的反应，是否能够通过调查达到调研所设定的目标。因此，调查需要进行效度的测量与评价。如果效度值较大，则表明所采用的技术方法与手段合理，能够实现调查所设定的预定目标。根据 Nunnally（1978）的理论，大致可以分为三种效度类型：第一种被称为内容效度（content validity），主要是考察调研是否能够覆盖自己的调研目标，是否能够完整反映调研的目的。第二种被称为准则效度（criterion validity），主要是用一个公认或者已知的准则，来对调研方法与调研技术进行验证与判断。第三种效度是构建效度（construct validity），主要是用来考察调研结果是否能够支撑相关理论假设或者调研构想，并对其做出科学解释。本书将运用验证性因子分析方法并结合变量间相关系数值对模型的内容效度和构建效度进行验证。

（3）测量模型适配度的判断标准

拟合优度用于判断回归直线对观测变量值的拟合程度，或判断所确立模型对测量项目的拟合程度。通常回归方程的整体拟合度用判决系数 R^2 检验，R^2 代表的是回归平方和在总平方和中所占比率。对于模型的拟合度，则有更多衡量指标，本书在进行模型检验之前，将利用验证性因子分析的方法检验模型的拟合优度，选取的衡量指标包含 χ^2、df、GFI、NFI、RMSEA 等。调研得到的统计数据，在通过上面的检验之后，说明统计数据的各项特征满足统计学的要求，能够得到相对科学与准确的结论。为了验证提出的假设是否正确，相关概念模型能否经得起检验，需要利用结构方程模型进行验证，并对最终结果进行分析与解释。一般而言，对测量模型适配度的检验主要有如下三个标准：第一，卡方检验作为检验拟合指数的标准，一般而言，卡方与其自由度的比值（χ^2/df）在 5 以内为可接受模型（侯杰泰等，2004）。第二，绝对拟合指数，主要有近似误差均方根（RMSEA）、标准化残差均方根（SRMR）、拟合优度指数（GFI）和调整拟合优度指数（AGFI）等。在这类拟合指数中，RMSEA 不仅对错误模型比较敏感，而且能够对复杂模型起到惩罚作用，因此被看作检验拟合优度比较理想的绝对拟合指数（侯杰泰等，2004；刘军，2008）。对于其临界值，学术界一般认为，若 RMSEA 值在 0.08 以内，则被视为可接受模型。此外，GFI 和 AGFI 一般在 0.9 以上被视为可接受模型，且越大越好（Hu and Bentler，1998）。第三，相对拟合指数，这一类指数主要包括规范拟合指数（NFI）、非规范拟合指数（NNFI）、增值拟合指数（IFI）以及比较拟合指数（CFI）等，对于相对拟合指数，学术界一般认为，其数值高于 0.9 被视为可接受模型，且越大越好（吴明隆，2009）。

6.2.2　验证性因子分析结果

（1）供应链整合检验结果分析

第一，信度检验结果。由表 6-4 可知，供应链整合各因子中，供应商整合与客户整合两个维度的 Cronbach's α 值分别为 0.892 与 0.878，供应链整合总的内部一致性 Cronbach's α 值为 0.886，均大于 0.7 的临界要求。并且，两个维度下的组合信度（CR）分别为 0.865 与 0.852，均大于 0.6 的临界要求。此外，在验证性因子分析结果中，供应链整合各因子的标准化系数均大于0.5，由此说明供应链整合测量量表的一致性系数均达到可以接受的程度，从而表明供应链整合测量量表的信度较好。

第二，效度检验结果。由表6-4可知，供应链整合中，供应商整合与客户整合各维度的平均方差提取量（AVE）分别为0.633、0.618，均高于0.5，表明供应链整合两个维度均具有较高的聚合效度。此外，由表6-10的结果可知，就供应商整合各维度AVE值的平方根而言，均大于各维度与其他构念的相关系数，从而表明供应商整合测量量表区分效度较好。

第三，测量模型适配度检验结果。由表6-5可知，供应商整合测量模型的各个拟合指数结果为：一阶因子 RMSEA = 0.065 < 0.08，$1<\chi^2/df=2.79<5$；二阶因子 RMSEA = 0.062 < 0.08，$1<\chi^2/df=2.44<5$，且各个变量测量模型的GFI、NFI、NNFI、CFI与IFI等其他拟合指数均大于0.9。各个拟合指数完全符合标准要求，因此我们认为在本研究中供应链整合测量模型的一阶因子和二阶因子模型均比较理想，是可接受模型，可以做进一步的研究分析。

表6-4　各变量信度检验结果（N=555）

主要变量	维度	Cronbach's α 值		组合信度（CR）	AVE
供应链整合	供应商整合	0.892	0.886	0.865	0.633
	客户整合	0.878		0.852	0.618
质量管理	流程质量	0.905	0.926	0.918	0.706
	产品质量	0.915		0.922	0.681
信息技术能力	—	0.911		0.919	0.635
供应链敏捷性	—	0.875		0.880	0.688
企业绩效	—	0.902		0.906	0.715

表6-5　供应链整合的验证性因子结果（N=555）

指标	χ^2	df	χ^2/df	RMSEA	GFI	NFI	NNFI	CFI	IFI
一阶因子模型	209.35	75	2.79	0.065	0.97	0.99	0.99	0.99	0.97
二阶因子模型	187.99	77	2.44	0.062	0.98	0.99	0.99	0.99	0.98

（2）质量管理检验结果分析

第一，信度检验结果。由表 6-4 可知，质量管理各因子中，流程质量与产品质量两个维度的 Cronbach's α 值分别为 0.905、0.915，质量管理总的内部一致性 Cronbach's α 值为 0.926，均大于 0.7 的临界要求。并且，两个维度下的组合信度（CR）分别为 0.918 与 0.922，均大于 0.6 的临界要求。此外，在验证性因子分析结果中，质量管理各因子的标准化系数均大于 0.5，由此说明质量管理测量量表的一致性系数均达到可以接受的程度，从而表明质量管理测量量表的信度较好。

第二，效度检验结果。由表 6-4 可知，质量管理中，流程质量与产品质量各维度的平均方差提取量（AVE）分别为 0.706、0.681，均高于 0.5，表明质量管理两个维度均具有较高的聚合效度。此外，由表 6-10 的结果可知，就质量管理各维度 AVE 值的平方根而言，均大于各维度与其他构念的相关系数，从而表明质量管理测量量表区分效度较好。

第三，测量模型适配度检验结果。由表 6-6 可知，质量管理测量模型的各个拟合指数结果为：一阶因子 RMSEA = 0.078<0.08，$1<\chi^2/df=3.96<5$；二阶因子 RMSEA = 0.076<0.08，$1<\chi^2/df=3.83<5$，且各个变量测量模型的 GFI、NFI、NNFI、CFI 与 IFI 等其他拟合指数均大于 0.9。各个拟合指数完全符合标准要求，因此我们认为在本研究中质量管理测量模型的一阶因子和二阶因子模型均比较理想，是可接受模型，可以做进一步的研究分析。

表 6-6　质量管理的验证性因子结果（N=555）

指标	χ^2	df	χ^2/df	RMSEA	GFI	NFI	NNFI	CFI	IFI
一阶因子模型	75.32	19	3.96	0.078	0.95	0.97	0.97	0.97	0.97
二阶因子模型	65.18	17	3.83	0.076	0.96	0.97	0.97	0.97	0.97

（3）信息技术能力因子结果分析

第一，信度检验结果。由表 6-4 可知，信息技术能力的 Cronbach's α

值为 0. 911，大于 0. 7 的临界要求。并且，组合信度（CR）为 0. 919，大于 0. 6 的临界要求。此外，由验证性因子分析结果可知，信息技术能力因子的标准化系数均大于 0. 5，由此说明信息技术能力测量量表的一致性系数均达到可以接受的程度，从而表明信息技术能力测量量表的信度较好。

第二，效度检验结果。由表 6-4 可知，信息技术能力的平均方差提取量（AVE）为 0. 635，高于 0. 5，表明信息技术能力具有较高的聚合效度。此外，由表 6-10 的结果可知，就信息技术能力 AVE 值的平方根而言，大于其与其他构念的相关系数，从而表明信息技术能力测量量表区分效度较好。

第三，测量模型适配度检验结果。由表 6-7 可知，信息技术能力测量模型的各个拟合指数结果为：一阶因子 RMSEA = 0. 065<0. 08，$1<\chi^2/df=3.45<5$，且变量测量模型的 GFI、NFI、NNFI、CFI 与 IFI 等其他拟合指数均大于 0. 9。各个拟合指数完全符合标准要求，因此我们认为在本研究中信息技术能力测量模型的一阶因子模型比较理想，是可接受模型，可以做进一步的研究分析。

表 6-7　信息技术能力的验证性因子结果（*N*=555）

指标	χ^2	df	χ^2/df	RMSEA	GFI	NFI	NNFI	CFI	IFI
一阶因子模型	82. 68	24	3. 45	0. 065	0. 98	0. 99	0. 99	0. 99	0. 99

（4）供应链敏捷性因子结果分析

第一，信度检验结果。由表 6-4 可知，供应链敏捷性的 Cronbach's α 值为 0. 875，大于 0. 7 的临界要求。并且，组合信度（CR）为 0. 880，大于 0. 6 的临界要求。此外，由验证性因子分析结果可知，供应链敏捷性因子的标准化系数均大于 0. 5，由此说明供应链敏捷性测量量表的一致性系数均达到可以接受的程度，从而表明供应链敏捷性测量量表的信度较好。

第二，效度检验结果。由表 6-4 可知，供应链敏捷性的平均方差提取量（AVE）为 0. 688，高于 0. 5，表明供应链敏捷性具有较高的聚合效度。

此外，由表 6-10 的结果可知，就供应链敏捷性 AVE 值的平方根而言，大于其与其他构念的相关系数，从而表明供应链敏捷性测量量表区分效度较好。

第三，测量模型适配度检验结果。由表 6-8 可知，供应链敏捷性测量模型的各个拟合指数结果为：一阶因子 RMSEA = 0.065<0.08，$1<\chi^2/df=3.45<5$，且变量测量模型的 GFI、NFI、NNFI、CFI 与 IFI 等其他拟合指数均大于 0.9。各个拟合指数完全符合标准要求，因此我们认为在本研究中供应链敏捷性测量模型的一阶因子模型比较理想，是可接受模型，可以做进一步的研究分析。

表 6-8　供应链敏捷性的验证性因子结果（*N*=555）

指标	χ^2	df	χ^2/df	RMSEA	GFI	NFI	NNFI	CFI	IFI
一阶因子模型	82.68	24	3.45	0.065	0.98	0.99	0.99	0.99	0.99

（5）企业绩效因子结果分析

第一，信度检验结果。由表 6-4 可知，企业绩效的 Cronbach's α 值为 0.902，大于 0.7 的临界要求。并且，组合信度（CR）为 0.906，大于 0.6 的临界要求。此外，由验证性因子分析结果可知，企业绩效因子的标准化系数均大于 0.5，由此说明企业绩效测量量表的一致性系数均达到可以接受的程度，从而表明企业绩效测量量表的信度较好。

第二，效度检验结果。由表 6-4 可知，企业绩效的平均方差提取量（AVE）为 0.715，高于 0.5，表明企业绩效具有较高的聚合效度。此外，由表 6-10 的结果可知，就企业绩效 AVE 值的平方根而言，大于其与其他构念的相关系数，从而表明企业绩效测量量表区分效度较好。

第三，测量模型适配度检验结果。由表 6-9 可知，企业绩效测量模型的各个拟合指数结果为：一阶因子 RMSEA = 0.056<0.08，$1<\chi^2/df=1.83<5$，且变量测量模型的 GFI、NFI、NNFI、CFI 与 IFI 等其他拟合指数均大于 0.9。各个拟合指数完全符合标准要求，因此我们认为在本研究中企业绩效测量模型的一阶因子模型比较理想，是可接受模型，可以做进一步的研

究分析。

表 6-9 企业绩效的验证性因子结果（N=555）

指标	χ^2	df	χ^2/df	RMSEA	GFI	NFI	NNFI	CFI	IFI
一阶因子模型	105.91	58	1.83	0.056	0.98	0.99	0.99	0.99	0.99

综上，在对供应链整合、质量管理、信息技术能力、供应链敏捷性以及企业绩效等各个变量的信度、效度以及模型适配度检验的基础之上，本研究发现正式调研问卷中各个变量的测量量表在信度、效度以及模型适配度等方面均达到了各个指标的标准要求，因而具有良好的信度、效度以及模型适配度，完全可以进行下一步的实证分析。

表 6-10 各变量间的相关系数及 AVE 平方根（N=555）

	1	2	3	4	5	6	7
供应商整合	**0.796**						
客户整合	0.035*	**0.786**					
流程质量	0.447**	0.248**	**0.840**				
产品质量	0.197**	0.137**	0.235**	**0.825**			
信息技术能力	0.423**	0.367**	0.610**	0.267**	**0.797**		
供应链敏捷性	0.282**	0.290**	0.373**	0.178**	0.337**	**0.829**	
企业绩效	0.344**	0.209**	0.504**	0.322**	0.438**	0.380**	**0.846**

注：**表示在置信度（双测）为 0.01 时，相关性是显著的；*表示在置信度（双测）为 0.05 时，相关性是显著的。对角线上粗体的数值为构念 AVE 的平方根。

6.3 研究假设的实证检验

本部分的重点是在上述检验的基础上，基于第 4 章研究假设做进一步的实证分析和检验。下文主要对供应链整合影响企业绩效的主效应、质量管理的中介效应、流程质量的中介效应、信息技术能力和供应链敏捷性的调节效应进行实证检验与分析。本部分主要采用逐步多元回归的方法对本研究所提出的8个理论假设进行实证检验。

6.3.1 供应链整合对企业绩效影响的检验

本研究将采用逐步多元回归（stepwise regression）的方法对各个假设进行检验。逐步回归的具体操作步骤为：首先设定基本模型，将企业性质、企业规模、所在行业以及被访者级别等控制变量放入模型；其次在基本模型的基础上分别增加供应商整合和客户整合，并据此构建检验模型，由此检验供应商整合和客户整合对企业绩效的影响程度，即供应链整合对企业绩效的直接效应。实证分析结果如表6-11所示，在模型M1的基础上增加供应商整合变量后，模型M2较模型M1的解释力显著增强（$\Delta R^2=0.111$，$P<0.001$），同时，模型M2结果表明，供应商整合对企业绩效具有明显的正向影响（$\beta=0.336$，$P<0.001$），假设H1a得到验证。此外，在模型M2的基础上增加客户整合变量后，模型M3较模型M2的解释力亦显著增强（$\Delta R^2=0.044$，$P<0.001$），同时，模型M3结果表明，客户整合对企业绩效具有明显的正向影响（$\beta=0.210$，$P<0.001$），假设H1b得到验证。综上，由假设H1a、H1b的结果可知，假设H1得到完全支持，即供应链整合会正向影响企业绩效。

此外，为了确保实证检验结果的科学性与严谨性，本研究进行了多重共线性和自相关检验。结果表明，在模型M2、模型M3中，方差膨胀因子（VIF值）均小于3，处于临界值以内（侯杰泰等，2004），从而表明本研究中的回归模型均不存在多重共线性问题；同时，自相关检验结果表明，Durbin-Watson（DW）值为1.905，在1.5和2.5之间且比较接近于2（林震岩，2007），因此，各变量残差也不存在自相关现象。

表6-11 供应链整合对企业绩效影响的检验结果（$N=555$）

变量	企业绩效	企业绩效	企业绩效
	M1	M2	M3
企业性质	0.018	0.013	0.006
企业规模	0.140***	0.098**	0.100**

续表

变量	企业绩效	企业绩效	企业绩效
所在行业	-0.022	-0.024	-0.014
被访者级别	0.037	0.052	0.051
供应商整合		0.336***	0.335***
客户整合			0.210***
F 值	2.741**	16.440***	19.293***
R^2	0.020	0.130	0.174
ΔR^2	0.020	0.111	0.044
DW	—	—	1.905

注：*表示 $P<0.05$；**表示 $P<0.01$；***表示 $P<0.001$；R^2 为未调整的值；系数为标准化后的值。

6.3.2 质量管理的中介效应检验

一般而言，学术界对中介效应的检验大都采用 Baron 和 Kenny（1986）提出的经典方法，即可以通过依次回归检验程序对变量间的中介效应进行检验。它们只有同时满足四个条件，中介作用才能成立。第一，主效应显著，即自变量对结果变量的影响显著（设定其路径为 A）；第二，自变量对中介变量影响显著（设定其路径为 B）；第三，中介变量对结果变量影响显著（设定其路径为 C）；第四，控制自变量对中介变量以及中介变量对结果变量的两条影响路径（B 和 C），如果此时新的主路径（设为 A_1）A_1 的系数等于 0，则为完全中介；但如果 A_1 的路径系数不为 0，并且其显著小于原主效应路径 A 的系数，则为部分中介作用。同时，他们指出，将相应的统计量代入公式：

$$Z=\frac{B_iC_i}{S_{Bi}^2S_{Ci}^2+B_i^2S_{Ci}^2+C_i^2S_{Bi}^2}$$

可检验中介作用的显著性水平。其中，B_i 代表路径 B 的系数，C_i 代表路径 C 的系数，S_{Bi}和 S_{Ci}则分别代表 B_i 和 C_i 的标准误。本研究按照上述步骤分别对流程质量、产品质量的中介效应进行实证检验，回归结果如

表 6-11 和表 6-12 所示。

第一，由 M2、M4、M6 结果可知：M2 表明，供应商整合对企业绩效具有显著的正向影响（A=0.336，P<0.001）；M4 表明，供应商整合对流程质量具有显著的正向影响（B=0.445，P<0.001）；M6 则表明，在引入流程质量变量后，供应商整合对企业绩效的影响系数变小（A_1=0.144<A=0.336，P<0.001）；将各统计值代入中介效应显著性公式可得，A_1 显著小于 A（Z=6.325，P<0.001）。因此，流程质量对供应商整合与企业绩效之间具有显著的部分中介作用，假设 H2a 得到验证。

第二，由 M2、M9、M10 结果可知：M2 表明，供应商整合对企业绩效具有显著的正向影响（A=0.336，P<0.001）；M9 表明，供应商整合对产品质量具有显著的正向影响（B=0.194，P<0.001）；M10 则表明，在引入产品质量变量后，供应商整合对企业绩效的影响系数变小（A_1=0.285<A=0.336，P<0.001）；将各统计值代入中介效应显著性公式可得，A_1 显著小于 A（Z=5.618，P<0.001）。因此，产品质量对供应商整合与企业绩效之间具有显著的部分中介作用，假设 H2b 得到验证。综合 H2a、H2b 结果，假设 H2 得到支持。

第三，由 M5、M7、M8 结果可知：M5 表明，客户整合对企业绩效具有显著的正向影响（A=0.212，P<0.001）；M7 表明，客户整合对流程质量具有显著的正向影响（B=0.249，P<0.001）；M8 则表明，在引入流程质量变量后，客户整合对企业绩效的影响系数变小（A_1=0.094<A=0.212，P<0.01）；将各统计值代入中介效应显著性公式可得，A_1 显著小于 A（Z=4.883，P<0.001）。因此，流程质量对客户整合与企业绩效之间具有显著的部分中介作用，假设 H3a 得到验证。

第四，由 M5、M11、M12 结果可知：M5 表明，客户整合对企业绩效具有显著的正向影响（A=0.212，P<0.001）；M11 表明，客户整合对产品质量具有显著的正向影响（B=0.138，P<0.001）；M12 则表明，在引入产品质量变量后，客户整合对企业绩效的影响系数变小（A_1=0.172<A=0.212，P<0.001）；将各统计值代入中介效应显著性公式可得，A_1 显著小

于 A（Z=6.328，P<0.001）。因此，产品质量对客户整合与企业绩效之间具有显著的部分中介作用，假设 H3b 得到验证。综合 H3a、H3b 结果，假设 H3 得到支持。

第五，由 M4、M9、M13 结果可知：M4 表明，供应商整合对流程质量具有显著的正向影响（B=0.445，P<0.001）；M9 表明，供应商整合对产品质量具有显著的正向影响（A=0.194，P<0.001）；M13 则表明，在引入流程质量变量后，供应商整合对产品质量的影响系数变小（A_1=0.116<A=0.194，P<0.05）；将各统计值代入中介效应显著性公式可得，A_1 显著小于 A（Z=4.592，P<0.001）。因此，流程质量对供应商整合与产品质量之间具有显著的部分中介作用，假设 H4a 得到验证。

第六，由 M7、M11、M14 结果可知：M7 表明，客户整合对流程质量具有显著的正向影响（B=0.249，P<0.001）；M11 表明，客户整合对产品质量具有显著的正向影响（A=0.138，P<0.001）；M14 则表明，在引入流程质量变量后，客户整合对产品质量的影响系数变小（A_1=0.087<A=0.138，P<0.05）；将各统计值代入中介效应显著性公式可得，A_1 显著小于 A（Z=5.156，P<0.001）。因此，流程质量对客户整合与产品质量之间具有显著的部分中介作用，假设 H4b 得到验证。综合 H4a、H4b 结果，假设 H4 得到支持。

此外，为了确保实证检验结果的科学性与严谨性，本研究进行了多重共线性和自相关检验。结果表明，在模型 M4～M14 中，方差膨胀因子（VIF 值）均小于 3，处于临界值以内（侯杰泰等，2004），从而表明本研究中的回归模型均不存在多重共线性问题；同时，自相关检验结果表明，Durbin-Watson（DW）值也在 1.5 和 2.5 之间且比较接近于 2（林震岩，2007），因此，各变量残差也不存在自相关现象。由此说明，本研究结论具有一定的稳健性和科学性。

表 6-12　质量管理中介效应检验结果（N=555）

变量	流程质量	企业绩效	企业绩效	流程质量	企业绩效	产品质量	企业绩效	产品质量	企业绩效	产品质量	产品质量
	M4	M5	M6	M7	M8	M9	M10	M11	M12	M13	M14
企业性质	0.036	0.011	-0.002	0.033	-0.005	-0.059	0.029	-0.061	0.028	-0.065	-0.068
企业规模	0.050	0.141**	0.077	0.107**	0.091**	0.096*	0.074	0.121	0.106*	0.087	0.099*
所在行业	-0.020	-0.012	-0.015	-0.006	-0.009	-0.093	0.001	-0.086	0.013	-0.090	-0.085
被访者级别	0.084*	0.036	0.016	0.063	0.007	0.068	0.035	0.058	0.019	0.053	0.046
供应商整合	0.445***		0.144***			0.194***	0.285***			0.116*	
客户整合		0.212***		0.249***	0.094**			0.138***	0.172***		0.087*
流程质量			0.431***		0.472***					0.176***	0.206***
产品质量							0.259***		0.291***		
F 值	35.032	7.536	29.264	9.253	33.656	7.377	21.868	5.155	15.494	8.751	8.361
R^2	0.277	0.064	0.210	0.078	0.269	0.063	0.193	0.045	0.145	0.087	0.084
ΔR^2	—	—	0.147***	—	0.205***	—	0.063*	—	0.081	0.024	0.039
DW	1.978	1.873	1.808	2.001	1.972	1.955	1.859	1.930	1.804	1.975	1.972

注：*表示 $P<0.05$；**表示 $P<0.01$；***表示 $P<0.001$；R^2 为未调整的值；系数为标准化后的值。

6.3.3 信息技术能力对供应链整合与质量管理关系的调节效应检验

以往学者认为，不管是分类变量还是连续变量，多元回归方法都可以检验其调节效应。如果两个变量都是连续变量时，更应该使用回归而不是结构方程予以检验。这是因为回归的方法可以保留变量连续的性质，从而有效避免了信息和结果的损失（刘军，2008）。因此，本研究同样利用多元回归方法对企业信息技术能力的调节效应予以检验。此外，我们分别对调节变量和自变量进行了中心化后再相乘得到交互项，这样可以有效消除交互项与控制变量、自变量之间的多重共线性问题。在原来变量的代码前加“Z”用以表示中心化后的变量。但是，本研究存在多个交互项的调节效应，各个交互项之间的共线性问题仍有可能发生，鉴于此，本研究根据Ahuja（2000）的做法，将交互项逐个放入主效应模型。调节效应检验的主要步骤为：首先，在回归方程中放入自变量，看其对因变量的解释程度即决定系数 R^2 的大小；其次，在回归方程中把调节变量放入，此时基于 ΔR^2 判断调节变量对因变量的独特解释程度；最后，在回归方程中将自变量与调节变量的交互项放入，同样基于 ΔR^2 看交互项的独特解释程度。按照上述方法实证检验信息技术对供应商整合与质量管理之间关系的调节效应，实证研究结果如表 6-13 所示。

第一，由表 6-13 可知，模型 M16 的结果表明，在主效应模型 M15 的基础上增加调节变量信息技术能力后，模型 M16 的解释力显著提高（$\Delta R^2=0.222$，$P<0.001$），说明该调节变量对流程质量具有重要影响；此外，由模型 M17 的结果可知，在模型 M16 的基础上将供应商整合与信息技术能力的交互项放入方程时，模型 M17 对流程质量具有显著的解释力（$\Delta R^2=0.031$，$P<0.001$），并且，交互项的系数显著为正（$\beta=0.197$，$P<0.001$）。由此表明信息技术能力对供应商整合与流程质量之间的关系具有正向调节效应，因此假设 H5a 得到验证。

第二，由表 6-13 可知，模型 M19 的结果表明，在主效应模型 M18 的基础上增加调节变量信息技术能力后，模型 M19 的解释力显著提高（$\Delta R^2=0.038$，$P<0.001$），说明该调节变量对产品质量具有重要影响；此

外，由模型 M20 的结果可知，在模型 M19 的基础上将供应商整合与信息技术能力的交互项放入方程时，模型 M20 对产品质量的影响不显著（$\Delta R^2 = 0.003$，$P>0.1$），并且，交互项的系数也不具统计学意义上的显著性（$\beta = 0.061$，$P>0.1$）。由此表明信息技术能力对供应商整合与产品质量之间的关系不具有正向调节效应，因此假设 H5b 未得到验证。综合 H5a、H5b 可知，假设 H5 得到部分验证。

第三，由表 6-13 可知，模型 M22 的结果表明，在主效应模型 M21 的基础上增加调节变量信息技术能力后，模型 M22 的解释力显著提高（$\Delta R^2 = 0.315$，$P<0.001$），说明该调节变量对流程质量具有重要影响；此外，由模型 M23 的结果可知，在模型 M22 的基础上将客户整合与信息技术能力的交互项放入方程时，模型 M23 对流程质量具有显著的解释力（$\Delta R^2 = 0.050$，$P<0.001$），并且，交互项的系数显著为正（$\beta = 0.172$，$P<0.001$）。由此表明信息技术能力对客户整合与流程质量之间的关系具有显著正向调节效应，因此假设 H6a 得到验证。

第四，由表 6-13 可知，模型 M25 的结果表明，在主效应模型 M24 的基础上增加调节变量信息技术能力后，模型 M25 的解释力显著提高（$\Delta R^2 = 0.050$，$P<0.001$），说明该调节变量对产品质量具有重要影响；此外，由模型 M26 的结果可知，在模型 M25 的基础上将客户整合与信息技术能力的交互项放入方程时，模型 M26 对产品质量具有显著的解释力（$\Delta R^2 = 0.006$，$P<0.001$），并且，交互项的系数显著为正（$\beta = 0.084$，$P<0.001$）。由此表明信息技术能力对客户整合与产品质量之间的关系具有显著正向调节效应，因此假设 H6b 得到验证。综合 H6a、H6b 可知，假设 H6 得到验证。

此外，为了保证本研究实证检验结果的科学性与严谨性，本研究进行了多重共线性和自相关检验。结果表明，在模型 M15、M16、M17、M18、M19、M20、M21、M22、M23、M24、M25、M26 中，方差膨胀因子（VIF 值）均小于 3，处于临界值以内（侯杰泰等，2004），从而表明本研究中的回归模型均不存在多重共线性问题；同时，自相关检验结果表明，Durbin-Watson（DW）值均接近 2（林震岩，2007），因此，各变量残差也不存在自相关现象。

表 6-13　信息技术能力对供应链整合与质量管理关系的调节效应检验（*N*=555）

变量	质量管理											
	流程质量	流程质量	流程质量	产品质量	产品质量	产品质量	流程质量	流程质量	流程质量	产品质量	产品质量	产品质量
	M15	M16	M17	M18	M19	M20	M21	M22	M23	M24	M25	M26
Z 企业性质	0. 036	0. 064	0. 069 *	-0. 059	-0. 047	-0. 046	0. 033	0. 071	0. 073	-0. 061	-0. 046	-0. 045
Z 企业规模	0. 050	0. 049	0. 073 *	0. 096 *	0. 095 *	0. 103 *	0. 107 *	0. 072	0. 095 *	0. 121	0. 107	0. 115
Z 所在行业	-0. 020	0. 004	-0. 026	-0. 093	-0. 083	-0. 093	-0. 006	0. 010	-0. 029	-0. 086	-0. 079	-0. 093
Z 被访者级别	0. 084 **	0. 094 **	0. 102 **	0. 068	0. 072	0. 075	0. 063	0. 087 *	0. 099 **	0. 058	0. 068	0. 072
Z 供应商整合	0. 445 ***	0. 223 ***	0. 168 ***	0. 194 ***	0. 102 *	0. 086 *						
Z 客户整合							0. 249 ***	0. 025 *	0. 027 *	0. 138 ***	0. 049 *	0. 050 *
ZIIC		0. 522 ***	0. 477 ***		0. 216 ***	0. 202 ***		0. 607 ***	0. 522 ***		0. 241 ***	0. 212 ***
ZSI * ZIIC			0. 197 ***			0. 061						
ZCI * ZIIC									0. 172 ***			0. 084 ***
F 值	29. 264	69. 476	67. 331	7. 377	10. 251	15. 056	9. 253	58. 979	61. 963	5. 155	9. 531	15. 731
R^2	0. 210	0. 432	0. 463	0. 063	0. 101	0. 104	0. 078	0. 392	0. 442	0. 045	0. 94	0. 101
$\triangle R^2$	—	0. 222 ***	0. 031 ***	—	0. 038 ***	0. 003	—	0. 315 ***	0. 050 ***	—	0. 050 ***	0. 006 ***
DW	1. 932			1. 966			1. 866			1. 961		

注：* 表示 P<0. 05；** 表示 P<0. 01；*** 表示 P<0. 001；R^2 为未调整的值；系数为标准化后的值。

6.3.4　供应链敏捷性对供应链整合与质量管理关系的调节效应检验

同样按照上文的调节效应检验方法，实证检验供应链敏捷性对供应商整合与质量管理之间关系的调节效应，实证研究结果如表 6-14 所示。

第一，由表 6-14 可知，模型 M28 的结果表明，在主效应模型 M27 的基础上增加调节变量供应链敏捷性后，模型 M28 的解释力显著提高（$\Delta R^2=0.041$，$P<0.001$），说明该调节变量对流程质量具有重要影响；此外，由模型 M29 的结果可知，在模型 M28 的基础上将供应商整合与供应链敏捷性能力的交互项放入方程时，模型 M29 对流程质量具有显著的解释力（$\Delta R^2=0.018$，$P<0.001$），并且，交互项的系数显著为正（$\beta=0.143$，$P<0.001$）。由此表明供应链敏捷性对供应商整合与流程质量之间的关系具有正向调节效应，因此假设 H7a 得到验证。

第二，由表 6-14 可知，模型 M31 的结果表明，在主效应模型 M30 的基础上增加调节变量供应链敏捷性后，模型 M31 的解释力显著提高（$\Delta R^2=0.020$，$P<0.001$），说明该调节变量对产品质量具有重要影响；此外，由模型 M32 的结果可知，在模型 M31 的基础上将供应商整合与供应链敏捷性的交互项放入方程时，模型 M32 对产品质量的影响不显著（$\Delta R^2=0.004$，$P>0.1$），并且，交互项的系数也不具统计学意义上的显著性（$\beta=0.066$，$P>0.1$）。由此表明供应链敏捷性对供应商整合与产品质量之间的关系不具有正向调节效应，因此假设 H7b 未得到验证。综合 H7a、H7b 可知，假设 H7 得到部分验证。

第三，由表 6-14 可知，模型 M34 的结果表明，在主效应模型 M33 的基础上增加调节变量供应链敏捷性后，模型 M34 的解释力显著提高（$\Delta R^2=0.083$，$P<0.001$），说明该调节变量对流程质量具有重要影响；此外，由模型 M35 的结果可知，在模型 M34 的基础上将客户整合与供应链敏捷性的交互项放入方程时，模型 M35 对流程质量的影响不显著（$\Delta R^2=0.008$，$P>0.1$），并且，交互项的系数也不具统计学意义上的显著性（$\beta=$

0.095，P>0.1）。由此表明供应链敏捷性对客户整合与流程质量之间的关系不具有正向调节效应，因此假设 H8a 未得到验证。

第四，由表 6-14 可知，模型 M37 的结果表明，在主效应模型 M36 的基础上增加调节变量供应链敏捷性后，模型 M37 的解释力显著提高（$\Delta R^2=0.030$，$P<0.001$），说明该调节变量对产品质量具有重要影响；此外，由模型 M38 的结果可知，在模型 M37 的基础上将客户整合与供应链敏捷性能力的交互项放入方程时，模型 M38 对产品质量具有显著的解释力（$\Delta R^2=0.015$，$P<0.01$），并且，交互项的系数显著为正（$\beta=0.129$，$P<0.01$）。由此表明供应链敏捷性对客户整合与产品质量之间的关系具有正向调节效应，因此假设 H8b 得到验证。综合 H8a、H8b 可知，假设 H8 得到部分验证。

此外，为了保证本研究实证检验结果的科学性与严谨性，本研究进行了多重共线性和自相关检验。结果表明，在模型 M27、M28、M29、M30、M31、M32、M33、M34、M35、M36、M37、M38 中，方差膨胀因子（VIF 值）均小于 3，处于临界值以内（侯杰泰等，2004），从而表明本研究中的回归模型均不存在多重共线性；同时，自相关检验结果表明，Durbin-Watson（DW）值均接近 2（林震岩，2007），因此，各变量残差也不存在自相关现象。

6.4 本章小结

本章重点是基于第 5 章的调研问卷，开展了大样本调研、数据收集及处理，主要利用多元回归方法对第 4 章的研究假设进行实证检验。本研究样本调研问卷共得到 555 份有效问卷。在经过共同方法偏差、验证性因子分析后，利用多元回归方法对本研究所有研究假设进行实证分析后，得到如表 6-15 所示的检验结果。

表 6-14　供应链敏捷性对供应链整合与质量管理关系的调节效应检验（*N*=555）

变量	质量管理											
	流程质量	流程质量	流程质量	产品质量	产品质量	产品质量	流程质量	流程质量	流程质量	产品质量	产品质量	产品质量
	M27	M28	M29	M30	M31	M32	M33	M34	M35	M36	M37	M38
Z 企业性质	0.036	0.054	0.062	-0.059	-0.046	-0.042	0.033	0.058	0.071	-0.061	-0.046	-0.029
Z 企业规模	0.050	0.039	0.056	0.096*	0.088	0.096	0.107*	0.082	0.101*	0.121	0.105*	0.131**
Z 所在行业	-0.020	-0.034	-0.060	-0.093	-0.103	-0.115*	-0.006	-0.028	-0.021	-0.086	-0.099*	-0.090
Z 被访者级别	0.084**	0.083	0.086**	0.068	0.067	0.069	0.063	0.065	0.066	0.058	0.060	0.061
Z 供应商整合	0.445***	0.389***	0.353***	0.194***	0.155***	0.139**						
Z 客户整合							0.249***	0.221***	0.238***	0.138***	0.121**	0.143***
ZIIC		0.212***	0.192***		0.147***	0.138***		0.294***	0.294***		0.177***	0.178***
ZSI * ZIIC			0.143***			0.066						
ZCI * ZIIC									0.095			0.129**
F 值	29.264	30.682	39.264	7.377	8.242	9.402	9.253	17.582	18.946	5.155	7.428	7.729
R^2	0.210	0.251	0.269	0.063	0.083	0.087	0.078	0.161	0.169	0.045	0.075	0.090
ΔR^2	—	0.041***	0.018***	—	0.020***	0.004	—	0.083***	0.008	—	0.030***	0.015**
DW	1.850			2.005			1.946			1.956		

注：* 表示 $P<0.05$；** 表示 $P<0.01$；*** 表示 $P<0.001$；R^2 为未调整的值；系数为标准化后的值。

整体而言，本研究所提理论假设大部分得到实证支持。供应链整合对企业绩效具有显著正向影响；质量管理的中介效应也得到实证支持；而信息技术能力和供应链敏捷性的调节性效应仅是部分得到支持。具体而言，本研究实证检验结果主要有：

第一，供应链整合不同维度对企业绩效具有显著正向影响。结果显示，供应商整合对企业绩效具有明显的正向影响（$\beta=0.336$，$P<0.001$），假设 H1a 得到验证。客户整合对企业绩效具有明显的正向影响（$\beta=0.210$，$P<0.001$），假设 H1b 得到验证。由假设 H1a、H1b 的结果可知，假设 H1 得到完全支持，即供应链整合会正向影响企业绩效。

第二，质量管理对供应链整合与企业绩效之间的作用关系具有显著部分中介效应。结果显示，在引入流程质量变量后，供应商整合对企业绩效的影响系数变小（$A_1=0.144<A=0.336$，$P<0.001$）；将各统计值代入中介效应显著性公式可得，A_1 显著小于 A（$Z=6.325$，$P<0.001$），这说明，流程质量对供应商整合与企业绩效之间具有显著的部分中介作用，假设 H2a 得到验证。在引入产品质量变量后，供应商整合对企业绩效的影响系数变小（$A_1=0.285<A=0.336$，$P<0.001$）；将各统计值代入中介效应显著性公式可得，A_1 显著小于 A（$Z=5.618$，$P<0.001$），这说明，产品质量对供应商整合与企业绩效之间具有显著的部分中介作用，假设 H2b 得到验证。综合 H2a、H2b 结果，假设 H2 得到支持。在引入流程质量变量后，客户整合对企业绩效的影响系数变小（$A_1=0.094<A=0.212$，$P<0.01$）；将各统计值代入中介效应显著性公式可得，A_1 显著小于 A（$Z=4.883$，$P<0.001$），这说明，流程质量对客户整合与企业绩效之间具有显著的部分中介作用，假设 H3a 得到验证。在引入产品质量变量后，客户整合对企业绩效的影响系数变小（$A_1=0.172<A=0.212$，$P<0.001$）；将各统计值代入中介效应显著性公式可得，A_1 显著小于 A（$Z=6.328$，$P<0.001$），这说明，产品质量对客户整合与企业绩效之间具有显著的部分中介作用，假设 H3b 得到验证。综合 H3a、H3b 结果，假设 H3 得到支持。

第三，流程质量对供应链整合与产品质量之间具有部分中介效应。结果显示，在引入流程质量变量后，供应商整合对产品质量的影响系数变小（$A_1=0.116<A=0.194$，$P<0.05$）；将各统计值代入中介效应显著性公式可得，A_1 显著小于 A（$Z=4.592$，$P<0.001$），这说明，流程质量对供应商整合与产品质量之间具有显著的部分中介作用，假设 H4a 得到验证。在引入流程质量变量后，客户整合对产品质量的影响系数变小（$A_1=0.087<A=0.138$，$P<0.05$）；将各统计值代入中介效应显著性公式可得，A_1 显著小于 A（$Z=5.156$，$P<0.001$），这说明，流程质量对客户整合与产品质量之间具有显著的部分中介作用，假设 H4b 得到验证。综合 H4a、H4b 结果，假设 H4 得到支持。

第四，信息技术能力对供应链整合与质量管理之间具有一定的调节效应。结果显示，将供应商整合与信息技术能力的交互项放入方程时，交互项的系数显著为正（$\beta=0.197$，$P<0.001$），由此表明信息技术能力对供应商整合与流程质量之间的关系具有正向调节效应，因此假设 H5a 得到验证。将供应商整合与信息技术能力的交互项放入方程时，交互项的系数不具统计学意义上的显著性（$\beta=0.061$，$P>0.1$），由此表明信息技术能力对供应商整合与产品质量之间的关系不具有正向调节效应，因此假设 H5b 未得到验证。综合 H5a、H5b 可知，假设 H5 得到部分验证。将客户整合与信息技术能力的交互项放入方程时，交互项的系数显著为正（$\beta=0.172$，$P<0.001$），由此表明信息技术能力对客户整合与流程质量之间的关系具有显著正向调节效应，因此假设 H6a 得到验证。将客户整合与信息技术能力的交互项放入方程时，交互项的系数显著为正（$\beta=0.084$，$P<0.001$），由此表明信息技术能力对客户整合与产品质量之间的关系具有显著正向调节效应，因此假设 H6b 得到验证。综合 H6a、H6b 可知，假设 H6 得到验证。

第五，供应链敏捷性对供应链整合与质量管理之间具有一定的调节效应。结果显示，将供应商整合与供应链敏捷性能力的交互项放入方程时，交互项的系数显著为正（$\beta=0.143$，$P<0.001$），由此表明供应链敏捷性对供应商整合与流程质量之间的关系具有正向调节效应，因此假设 H7a 得到验证。将供应商整合与供应链敏捷性的交互项放入方程时，交互项的系数

不具统计学意义上的显著性（β=0.066，P>0.1），由此表明供应链敏捷性对供应商整合与产品质量之间的关系不具有正向调节效应，因此假设 H7b 未得到验证。综合 H7a、H7b 可知，假设 H7 得到部分验证。将客户整合与供应链敏捷性的交互项放入方程时，交互项的系数也不具统计学意义上的显著性（β=0.095，P>0.1），由此表明供应链敏捷性对客户整合与流程质量之间的关系不具有正向调节效应，因此假设 H8a 未得到验证。将客户整合与供应链敏捷性能力的交互项放入方程时，交互项的系数显著为正（β=0.129，P<0.01），由此表明供应链敏捷性对客户整合与产品质量之间的关系具有正向调节效应，因此假设 H8b 得到验证。综合 H8a、H8b 可知，假设 H8 得到部分验证。

此外，为了保证本研究实证检验结果的科学性与严谨性，本研究进行了多重共线性和自相关检验。结果表明，在经过假设验证支持的模型中，方差膨胀因子（VIF 值）均小于 3，都处于临界值以内，从而表明本研究中的大部分回归模型不存在多重共线性；同时，自相关检验结果表明，Durbin-Watson（DW）值也不存在自相关现象，说明本研究结论具有一定的科学性。

本研究假设的检验结果汇总如表 6-15 所示。

表 6-15　本研究假设检验结果汇总

理论假设	检验结果
H1：供应链整合对企业绩效具有正向影响	支持
H1a：供应商整合对企业绩效具有正向影响	支持
H1b：供应商整合对企业绩效具有正向影响	支持
H2：供应商整合通过企业质量管理正向影响企业绩效	支持
H2a：供应商整合通过流程质量管理正向影响企业绩效	支持
H2b：供应商整合通过产品质量管理正向影响企业绩效	支持
H3：客户整合通过企业质量管理正向影响企业绩效	支持
H3a：客户整合通过流程质量管理正向影响企业绩效	支持
H3b：客户整合通过产品质量管理正向影响企业绩效	支持

续表

理论假设	检验结果
H4：供应链整合通过流程质量管理正向影响产品质量管理	支持
H4a：流程质量管理在供应商整合与产品质量管理之间起中介作用	支持
H4b：流程质量管理在客户整合与产品质量管理之间起中介作用	支持
H5：信息技术能力对供应商整合与质量管理的关系起正向调节作用	部分支持
H5a：信息技术能力对供应商整合与流程质量的关系起正向调节作用	支持
H5b：信息技术能力对供应商整合与产品质量的关系起正向调节作用	不支持
H6：信息技术能力对供应链整合与质量管理的关系起正向调节作用	支持
H6a：信息技术能力对客户整合与流程质量管理的关系起正向调节作用	支持
H6b：信息技术能力对客户整合与产品质量管理的关系起正向调节作用	支持
H7：供应链敏捷性对供应商整合与质量管理的关系起正向调节作用	部分支持
H7a：供应链敏捷性对供应商整合与流程质量管理的关系起正向调节作用	支持
H7b：供应链敏捷性对供应商整合与产品质量管理的关系起正向调节作用	不支持
H8：供应链敏捷性对客户整合与质量管理的关系起正向调节作用	部分支持
H8a：供应链敏捷性对客户整合与流程质量管理的关系起正向调节作用	不支持
H8b：供应链敏捷性对客户整合与产品质量管理的关系起正向调节作用	支持

第7章 结论与展望

本章的主要内容为：第一，在第6章实证检验结果的基础上，进一步提炼相关研究结论；第二，在深入分析研究结论的基础上，进一步明确本研究的主要理论贡献，并比较本研究与以往研究的不同之处；第三，基于研究结论，对企业管理者提出可操作性对策建议；第四，在本研究基础上指出本研究的局限以及提出未来研究方向。

7.1 结果讨论

当今企业之间的竞争已经演变为企业供应链之间的角力（王花等，2017），而企业供应链竞争的核心则是企业供应链整合能力的强弱（文风等，2016）。本书基于对以往研究的总结，认为供应链管理应当更加强调跨越企业边界来整合伙伴资源和关键活动，通过提升质量和服务达成满足客户需要的目的。具体而言，本研究在555个有效样本的基础上，利用多元回归方法对企业供应链整合中的供应商整合、客户整合，质量管理中的流程质量、产品质量、企业信息技术能力以及供应链敏捷性之间的深层次关系进行了实证分析。基于实证分析结果，本研究主要得到如下研究结论。

7.1.1 供应链整合对企业绩效具有积极影响

本研究证实，供应链整合对企业绩效具有积极的正向影响，供应商整合和客户整合均对企业绩效产生显著的积极效应。本书的研究结果支持之前学者们所提“供应商整合重要性”之说，然而，之前学者们的研究对于客户整合的重要性有所忽视。本书的研究结果也显示了客户整合对于提升企业绩效同样存在显著的影响力。本研究结论与国内外部分学者（Narasimhan and Jayaram，2007；Vickery et al.，2003；Frohlich and Westbrook，2001；Frohlich and Westbrook，2002；赵晶和朱镇，2010；Lai et al.，2008；刘华明和王勇，2016）的研究结论较为吻合，也为供应链质量管理理论积累了实证资料。

供应商对企业绩效影响很大，这是因为企业要依靠供应商提供有品质保障的原材料和零缺陷率的零部件，以此为终端客户提供高质量的产品和服务（Forker et al.，1997）。而供应商整合过程中，一方面是供应商数量的整合，供应商准入门槛的提高，使得企业可以集中精力严把供应商品质，保障少而精的供应质量；另一方面，通过整合与供应商的业务流程，企业能够实施统一化、标准化的流程规范，加强对于产品从原材料供应到生产加工等各个环节的监管，从而提升流程质量。此外，通过供应商参与整合活动，企业能够整合供应商资源，包括成本、原材料信息以及隐性知识，通过将供应商纳入产品设计开发过程，企业可以整合供应商资源更好地为自己的生产制造服务，从而提升产品质量。在传统的企业管理理念中，企业与其零部件供应商之间是一种博弈关系，企业通过竞价招标等价格谈判机制与供应商展开利润空间的争夺，实现自我效益最大化。但是竞争环境的改变要求企业寻求供应商的帮助，把供应商视作企业重要的组成部分，双方依靠建立长期合作伙伴关系共同努力创造附加值，实现共赢。通过与供应商交流，并纳入供应商参与设计开发决策，企业实施并实现了信息整合与流程整合。信息整合可以降低信息传递偏差，减小因信息偏差造成的产品质量偏差。业务流程整合可以提升流程一致性，减少因流程质量偏差造成的质量问题。在这种理念指导下，企业大幅减少供应商数量，通过与少数供应商建立长期的合作伙伴关系来提高供应质量。企业加强与供应商合作的深度与广度，通过物流、信息流以及业务流等供应链关键合作活动的整合，企业与供应商之间实现了信息与知识共享，统一了业务流程，产生了信任与协作，促进了质量管理的提升。供应商与企业通过整合的管理和运作模式实现了共同价值创造，开创了双赢。

本研究还进一步证实了客户整合对企业绩效的重要推动力。全球化的宏观经济背景使得消费市场国际化，客户消费观念提升，客户需求迅速变化。企业为了生存，需要以持续满足客户不断变化的需求为立足根本，通过与客户建立沟通与合作关系，及时收集客户反馈，把客户视作企业重要的组成部分，通过分析客户反馈信息、理解客户需要，并以客户满意为导向持续不断改进组织业务流程和产品与服务质量，及时对客户反馈做出响应，实现借助整合重造企业核心竞争力。

此外，本研究根据不同整合类型对质量的影响差别提示了企业在面对质量问题时，针对不同的质量管理维度应当做出不同的、更加具有针对性的措施选择。企业通过与供应商建立合作渠道，更容易控制从原材料供应到生产加工的各个环节的流程，从而更直接地把控流程质量；而客户的反馈传递了需求变化和市场信息，企业通过客户整合直接可以按照客户需要改进产品质量以适应市场需要，亦即产品质量更加容易受到客户整合的影响。这一发现启示企业在面对质量问题时要有的放矢，针对不同的质量问题可以做出更有效的策略选择。

7.1.2 质量管理是供应链整合影响企业绩效的重要枢纽

整体而言，本研究深入探讨了供应链整合如何通过质量管理对企业绩效产生正向影响，并指出质量管理在这两者之间起到了重要的枢纽作用。具体的研究发现如下：

首先，供应商整合能够通过流程质量对企业绩效产生影响。这意味着，企业与供应商之间的紧密合作和高效沟通，能够显著提升生产流程的效率和稳定性，从而确保产品的高品质。这种流程质量的提升不仅降低了生产成本，还提高了企业的市场竞争力，进而对企业绩效产生积极的影响。

其次，供应商整合还能通过产品质量对企业绩效产生正向影响。当企业与供应商建立了稳固的合作关系后，能够更好地确保原材料和零部件的质量，进一步降低生产过程中的缺陷率和返工率。这种对产品质量的严格把控不仅增强了消费者对产品的信心，还提高了企业的市场占有率和口碑，从而对企业绩效产生显著的正面效应。

再次，客户整合也能通过流程质量对企业绩效产生积极的影响。与客户保持良好的沟通和合作，有助于企业更好地理解市场需求和客户期望，进而优化和改进生产流程。这种对流程质量的持续改善能够提高企业的响应速度和灵活性，更好地满足客户需求，进一步增强企业的市场竞争力。

最后，客户整合还能通过产品质量对企业绩效产生正面影响。满足客户需求是提升企业绩效的关键。与客户保持良好的互动关系，能够帮助企业更早地获取市场反馈和客户意见，从而及时调整和改进产品。这种对产品质量的关注能够确保产品的稳定性和可靠性，提高客户的满意度和忠诚度，进一步促进企业绩效的提升。

综上所述，本研究结论强调了质量管理在供应链整合与企业绩效之间的枢纽作用。高效的企业质量管理不仅有助于提升企业的流程质量和产品质量，还能增强企业的市场竞争力，最终实现企业绩效的提升。这一研究结果与国内外众多企业的实践经验相吻合，强调了质量在企业发展中的关键地位和价值。对于我国企业而言，在经历了企业流程的“改造潮”之后，应更加注重产品质量的提升，秉持“匠心”精神和品牌精神，以赢得消费者的信赖和市场认可。正如管理思想家汤姆·彼得斯所言，“质量等于利润”，企业应将质量管理作为提升企业绩效的重要途径之一。

7.1.3 流程质量是供应链整合影响产品质量的关键中介要素

本研究得出的结论证实了一个重要观点：流程质量在供应链整合对产品质量产生影响的过程中扮演着关键的中介角色。这表明，供应链整合不仅直接影响产品质量，而且通过流程质量的调节，间接影响最终的产品质量。这一结论在以往的研究中并不常见，为我们提供了新的视角和见解。

首先，流程质量在供应商整合与产品质量提升之间起到了至关重要的作用。一般而言，那些在流程管理上具有优势的企业，通过与供应商的紧密合作，能够更深入地了解客户的产品需求和市场信息。这种深度合作使得企业与供应商能够统一思想，以客户满意为导向，共同合作。从原材料供应开始，双方共同努力改善原材料质量，优化产品设计，改造生产加工流程，从而全面提升产品质量。

其次，流程质量在客户整合与产品质量提升之间也发挥了重要的中介作用。实施客户整合策略的企业，其主要关注点在于下游客户和关键市场。这样的企业依赖于高效的流程管理，及时收集和分析客户反馈信息。通过这种流程优势，企业能够从中学习和理解客户需求，掌握市场需求信息。更重要的是，基于流程优势，企业能够对客户的产品需求和市场需求进行预测，从而更好地调整和改进产品质量。同时，实施客户整合策略的企业还会要求供应商参与合作，从最初阶段就开始改进生产加工流程。

总而言之，本研究结论强调了流程质量在供应链整合与产品质量之间的关键中介作用。对于企业而言，要实现产品质量的持续提升，不仅要注重供应链整合，还要加强流程质量管理。只有这样，企业才能在激烈的市场竞争中保持领先地位，实现持续的发展和成功。

7.1.4 信息技术能力在供应链整合中发挥了重要作用

本研究证实，企业信息技术能力是影响供应链整合与企业质量管理的重要外在作用条件。大量研究已经证实企业信息技术能力对于企业供应链优化具有重要积极作用（Wu et al.，2006；Cheng et al，2014），但是本研究则是较为细致地考察了企业信息技术能力对供应链整合与企业质量管理两者作用关系的调节效应。具体而言，本研究表明：信息技术能力对供应商整合与流程质量的关系起正向调节作用；信息技术能力对客户整合与流程质量管理之间的关系起正向调节作用；信息技术能力对客户整合与产品质量管理之间的关系起正向调节作用。本研究结论表明，企业供应链整合的本质与企业信息技术能力整合具有内在一致性（周驷华和万国华，2017），只有基于信息技术能力真正提升的企业，才能真正改善企业的运营效率和产品质量。企业供应商整合能够依托信息技术能力，促进信息和知识共享、减小信息偏差，进而提升企业流程质量。信息技术能力与供应商整合有相辅相成的作用，因为如果没有信息技术在企业中的共享与互通，那么企业的流程质量效率将会严重下降（Zhao et al.，2011）。信息技术能力的基础设施能力比如信息系统通过支持供应商整合中的信息整合、流程整合等方面，促进了信息共享，减小了信息和流程偏差，降低了“牛鞭效应”，提升了流程质量；同时，畅通的信息渠道为客户与企业进行交流、参与企业决策提供了便利和途径，促进了客户参与企业新产品研发，并且通过客户隐性知识的转移帮助企业持续改进产品质量和服务。此外，本研究还证实，企业信息技术能力对客户整合和企业质量管理之间的关系具有重要的影响，包括流程质量和产品质量。换言之，客户整合与质量管理均以客户满意为导向，企业的IT系统支持提升了企业获取和预测客户需求信息的能力，从而指引了企业流程改进和改善产品设计的方向，为流程质量的改进和产品质量的提升提供了源泉。利用信息技术手段，企业可以实现跨部门的整合与协作，通过实时的信息分享，企业可以实现各部门的协同，这种协同是一种无形的默契、是一种无形的社会资本，它促进了业务流程效率的提升，改进了流程质量，最终提升了产品质量。

此外，本研究结论能够为“IT生产力悖论”提供一种新的解释视角。“IT生产力悖论”学说认为，企业信息技术投入不一定能够带来与之相称的回报，成为学术界争论的一个焦点（Dehning et al.，2007；Brynjolfsson and Hitt，1996；Lee et al.，1997；David，1990；Lu and Ramamurthy，2011；Chen et al.，2013）。而本研究的结论则可以为其提供这样一种解释：企业信息技术投入能否为企业带来合理回报并非由信息技术直接决定和影响，而企业的信息技术能力仅是影响企业供应链整合与质量管理的一个重要“外在”作用条件，并非直接推动因素。企业信息技术投入能够带来相应的产出是经过一个“复杂”体系运行的结果，并不是直接依靠短期投入产出比能衡量出来的。

7.1.5 供应链敏捷性是促进质量管理改善的重要渠道

本研究深入挖掘了供应链敏捷性对供应链整合与企业质量管理的影响，并证实了其不可被忽视的作用。首先，供应链敏捷性对供应商整合与流程质量之间的关系起到了积极的调节作用。这表明，具备较高供应链敏捷性的企业能够更有效地整合供应商资源，从而显著提高流程质量。这是因为，供应链敏捷性强的企业能够迅速适应供应市场的变化，灵活调整供应商选择和合作关系，确保原材料和零部件的稳定供应，降低生产中断的风险。同时，敏捷的供应链还能够快速响应供应商的质量问题，及时调整采购策略，确保流程的顺利进行。

其次，供应链敏捷性对客户整合与产品质量之间的关系也产生了正向的调节作用。这意味着，具备较高供应链敏捷性的企业能够更好地满足客户需求，从而提升产品质量。这是因为，供应链敏捷性强的企业能够快速获取并响应市场和客户的反馈，及时调整产品设计和生产过程，以满足不断变化的市场需求。此外，供应链的敏捷性还体现在对售后服务和客户支持的快速响应上，这有助于提高客户满意度和忠诚度。

从本质上讲，供应链敏捷性是企业自身供应链运营能力的一种体现，它强调的是企业供应链的调整和应变能力。一个具备较高供应链敏捷性的企业，能够对外界的变化做出迅速的反应，其自身的调整和反应能力也更加灵活。这种能力不仅有助于企业应对市场的不确定性和波动性，还能够促进企业持续不断地学习和改进。

此外，供应链整合的核心在于对信息和知识的获取与分享。因此，具备更加敏捷的供应链运营能力的企业，能够更快速、有效地获取外部信息和知识，并更好地分享这些信息和知识。这不仅能够促进供应链各环节之间的协同和优化，还能够推动企业不断进行技术创新和产品升级。综上所述，本研究为理解供应链敏捷性在供应链整合与企业质量管理中的重要作用提供了有力支持。

7.2　理论贡献

本研究在对前人研究进行总结梳理和实证研究的基础上，深入研究并分析了供应链整合对质量和企业绩效产生影响的内在机制，对于拓展目前供应链整合领域研究广度以及指导企业质量管理实践都具有重要意义。本研究的主要贡献有：

第一，我们首先进行了文献回顾，对“整合”的定义进行了梳理和总结。在此基础上，我们深入探讨了供应链整合的特征，从驱动因素、过程机理和作用效果三个方面提出了供应链整合与绩效影响关系的理论分析框架。关于整合的定义，我们发现学者们普遍认为整合是指将分散的、独立的个体或实体结合成一个整体的过程。在供应链管理中，整合是指将供应商、制造商、分销商、客户等各环节的资源和流程进行协调和优化，以实现整个供应链的高效运作。其次，我们进一步分析了供应链整合的特征。这些特征主要包括：一是以客户为中心，实现需求快速响应；二是跨组织一体化运作，即供应链整合涉及不同组织之间的合作与协调，并通过整合实现资源的最优配置和共享；三是信息流动，即通过整合促进信息的快速流动和共享，提高决策效率和准确性。最后，我们从驱动因素、过程机理和作用效果三个方面对供应链整合与绩效的关系进行了理论分析。在驱动因素方面，我们指出市场需求、竞争压力、技术进步等因素是推动供应链整合的重要动力。在过程机理方面，我们探讨了供应链整合如何通过资源共享、流程优化、信息流动等方式实现绩效的提升。在作用效果方面，我们分析了供应链整合对绩效的积极影响，包括提高效率、降低成本、增强竞争力等。

为了更深入地研究供应链整合与企业绩效的关系，我们用“范围”和“领域”两个维度对整合的内涵进行了考量并进行了量化分析。通过统计检验，我们发现供应链整合在多个领域和层面上都对企业绩效产生了正向促进作用。这一研究结果不仅为“整合与绩效”的关系研究提供了新的视角和理论基础，还积累了丰富的实证资料。

第二，本研究在供应链整合与企业绩效的研究中引入了质量管理这一重要变量，并证实了质量要素在供应链整合与企业绩效之间的中介作用。具体而言，一方面，本研究通过分析供应商整合通过流程质量和产品质量影响企业绩效的理论逻辑，深入探究企业质量管理在供应商整合与企业绩效之间的传导机制；另一方面，本研究通过分析客户整合通过流程质量和产品质量影响企业绩效的理论逻辑，较为全面地解析了流程质量和产品质量在客户整合与企业绩效之间的中介作用机制。以往的研究鲜有深入分析供应链整合不同维度与企业绩效之间的中介机制。本研究开拓了供应链整合与绩效研究的新思路，对供应链整合理论的发展做出了贡献。

第三，本研究强调了质量要素对于供应链管理的重要性，并把具体的质量要素——包括流程质量和产品质量——作为质量管理的维度。在此基础上，本书详细分析了供应商整合、客户整合分别与流程质量和产品质量的作用关系，通过证明不同的整合对于不同质量要素的影响，详细而系统地刻画出了“整合”如何通过质量要素影响企业绩效的机理，这在供应链质量管理研究中尚属首例。这一影响路径或机理的提出很好地融合了供应链管理理论和质量管理理论，满足了供应链质量管理理论发展的诉求。本研究通过分析并验证供应链整合与质量之间的这一机理关系，刻画出了一个供应链质量管理的理论模型。本研究的研究成果为供应链质量管理理论进一步积累了实证资料。

第四，本研究从供应链视角对企业的质量绩效进行了研究，证实了供应链整合对企业质量管理有正向促进的作用，为质量管理研究提供了新的视角。本研究的结论证实了质量要素在供应链管理中的重要性，提出在供应链情境下进行质量管理、全面升级质量管理、注重供应链质量管理的理论主张和办法。本书通过研究供应链整合与企业内部质量管理的影响关系，论证了供应链管理如何通过影响质量管理进而影响企业绩效。本研究为我国制造业转型升级、提升质量管理水平、响应供给侧改革打造我国制造业品牌的实践提供了理论依据。同时，本研究的结论拓展了传统的、聚焦于企业内部的质量管理理论，是一次对质量管理实践拓展到企业外部供应链上的成功尝试。

第五，本研究通过探索信息技术能力的调节效应，进一步丰富了供应链整合对质量管理产生影响的理论意义，为从企业内部视角延展供应链整合的作用提供了理论解释框架。当前，企业拥有的信息技术能力已经成为其优化和完善企业供应链管理质量的重要决定因素。但是，学术界对信息技术能力在供应链整合与企业质量管理两者之间的作用机理尚未做系统考究。本研究则基于这一理论缺口，深入分析了信息技术能力对供应商整合、客户整合与流程质量和产品质量之间作用关系的调节效应，以实证研究的方式进一步明确了信息技术能力的外生理论解释力。同时，本研究关注的信息技术能力也为我国企业是否能够科学充分利用“互联网+”等政策提供了有力的理论逻辑，为不同企业利用信息技术能力优化供应链整合对质量管理的驱动提供了理论参照点。并且，本研究通过分析信息技术能力在供应链整合与质量管理之间的调节效应，进一步明确了供应链整合对质量管理产生影响的外部条件。此外，本研究较为翔实地证实了企业信息技术能力的重要调节作用，是供应链整合影响质量管理的重要外在渠道和关键途径。并且，本研究有关信息技术能力调节效应的实证结果也为实践界“IT生产力悖论”提供了一种新的解释视角，即企业信息技术投入能否为企业带来合理回报并非由信息技术直接决定和影响，企业的信息技术能力仅是影响企业供应链整合与质量管理的一个重要“外在”作用条件，并非直接推动因素。企业信息技术投入能够带来相应的产出是经过一个“复杂”体系运行的结果，并不是在短期直接依靠投入产出比能衡量出来的。总之，本研究深入解读了企业信息技术能力在当前企业信息技术投入后产生的“IT生产力悖论”，为该研究提供了一个相对合理的解释视角。

第六，本研究通过探索供应链敏捷性的调节作用，深入解析了企业供应链整合面临外部环境变化时的理论解释框架，为从企业外部寻求供应链整合的改进策略提供了理论支撑。本研究重点聚焦于企业面临外部环境压力时，如何利用供应链自身的敏捷性来调适和缓释外部压力对供应链整合能力的影响，进而从企业“对外力量”层面提炼供应链整合对驱动企业质量管理产生作用的理论模型。基于供应链敏捷性视角探讨供应链整合与企业质量管理作用关系的强弱变化，能够在理论上间接探测供应链整合影响质量管理的阈值。此外，将供应链敏捷性有机融入供应链整合影响企业质量管理的理论模型之中，能够从理论高度解析企业供应链面对外部竞争环境压力时对企业流程质量和产品质量产生的传导效应。并且，本研究基于供应链敏捷性，在一定程度上深化了供应链整合与质量管理之间的内在作用机理。本研究证实了供应链敏捷性在供应链整合对质量管理产生作用方面的调节效应。供应链敏捷性与供应链整合的内在作用关系能够为企业管理者制定科学合理的、应对外部环境的企业战略提供决策依据，在扩展供应链整合应用广度方面有一定的贡献。本研究为供应链敏捷性在供应链整合方面的理论扩展提供了一个实证依据，并且，本研究进一步明确了供应链敏捷性在应对企业外部竞争环境压力中的关键性作用，为企业管理者提供了一种较为清晰的决策依据。此外，本研究结果有力地证实了供应链敏捷性在应对企业外在不确定性环境压力中的重要作用，可以帮助企业管理者在制定企业发展战略时提供一个新的思维参照点，也可以使企业管理者基于供应链敏捷性做到“以不变应万变”，尤其能够使企业管理者在进行海外业务扩展和企业“走出去”战略时进一步坚定信心。

7.3 管理启示

本研究的研究成果对于企业管理人员具有非常重要的实践启示。具体而言，主要有如下几个方面：

7.3.1 重视供应链整合，兼顾供应商整合和客户整合

供应链管理的目标是实现供应链整体价值的最大化（Beamon，1999；Li and O'Brien，1999），而供应链整合则是供应链价值最大化的重要支点。企业的实践证实，高效的供应链整合能够在一定程度上提升企业竞争力、提升企业柔性以及满足客户多元化需求（Zhao et al.，2013；Srinivasan and

Swink，2015；Flynn et al.，2010）。我国企业长期以来只关注企业内部职能能力的提升，众多企业实施大而全的企业成长模式，而忽略了外部供应链整合协同的重要性。与之形成鲜明对比的是国外优秀企业，如美国的波音公司。该企业将自己定义为系统整合专家，但是在早期，波音也采取的是全产业链模式，即自主投资和生产产品所有的零部件。但是随后，随着全球化进程不断加深，波音公司转向了非核心业务外包的模式，到了21世纪，其最先进的波音787机型70%的零部件由来自全球各个地区国家的供应商提供，我国也是波音公司的零部件供应商之一。外包策略使得波音公司专注于设计以及尖端技术研发等核心业务，而在全球范围内寻找最优配件供应商，利用全球的资源整合，大大降低了零部件生产成本，实现了最佳的供应链绩效。通过供应链管理优化，企业一方面可以使自己集中精力聚焦于核心业务与核心竞争力，确保企业的战略竞争优势；另一方面，在全球范围内寻找最佳供应商，外包非核心业务，可以降低成本，依靠供应链整合打造竞争优势。

本书运用实证研究表明供应商整合和客户整合对于企业绩效都具有重要的影响作用，这启示企业管理者对供应商整合和客户整合应当坚持“平衡并举”的思想。企业管理者不但需要重视供应商对改善企业产品和服务质量的重要作用，更需要建构具有客户整合能力的供应链体系，以此来稳定和发掘客户价值，形成以客户满意度为核心要义的供应链，要依托客户需求把生产、库存、营销、销售、支付、分销和产品回收等环节无缝整合来优化供应链模式。其实，大量企业在客户整合方面还有较大上升空间。有学者研究表明，仅有7%的企业高层管理认为其在客户整合方面达到了高度的全面整合（蕙嘉琳，2017）。例如，在工业4.0时代，大量企业需要沿着客户需求来调整和整合企业供应链方向，或者是依托供应链的创新和有机整合来满足新时期客户的多元化需求。并且，本书通过对比供应商整合和客户整合分别对流程质量和产品质量的影响系数，发现二者对于质量的影响有所侧重：供应商整合对流程质量的影响作用更显著，而客户整合对于改变产品质量水平的作用更加明显。这一发现可以帮助实践者做出更加有针对性的决策，颇具实践价值。

7.3.2 依靠供应链，以“匠心精神”持续改善企业质量管理

质量，无疑是企业的生命力所在。它不仅是塑造品牌、获取品牌溢价的基石，更是企业在激烈竞争的市场环境中立于不败之地的关键。随着质量管理理念的深入发展，企业需要跨越内部管理的局限，将目光投向整个供应链，进行全面的质量管理。以“十三五”时期为例，国家积极推进供给侧改革，强调从供给侧入手，提高全要素生产率，全面推进质量管理，以提升质量水平。这一战略导向不仅体现了国家对质量管理的重视，更为企业指明了发展方向。

在这样的背景下，企业应将焦点从单纯的内部管理转移到供应链管理上，通过供应链管理创造利润。具体来说，企业应首先在思想上高度重视质量要素，以生产和服务的转型升级为目标。例如，通过整合供应链资源与能力，加强供应链质量管理。对于传统的工业制造企业，更应该摆脱封闭的经营管理模式，重视与外部供应链伙伴的沟通、互动与协作。以制造业为例，通过与供应商紧密合作，共同研发新型材料，不仅可以提升产品质量，还可以大幅缩短研发周期。这种外部整合实践不仅推动了企业内部的质量管理改进，更为企业的持续创新提供了动力。

当前，我国正在推进供给侧改革，旨在解决当前产能过剩与有效供给不足的矛盾。这一战略导向也是我国企业提升质量发展方向的一个重要导向。然而，尽管我国不缺乏规模企业或特色企业，但真正将企业质量做精做细的“匠心精神”却较为稀缺。这正是我国企业亟须提升和发扬的地方。面对全球化资源配置的挑战和机遇，企业更需要秉持精益求精的精神，不断改善和优化生产与服务流程，提升产品和服务质量。只有这样，企业才能完成转型升级的战略目标，实现可持续发展。综上所述，“匠心精神”不仅仅是一种态度或价值观，更是一种对卓越品质的不懈追求与实践。在供应链管理的框架下，“匠心精神”显得尤为重要。只有秉持这种精神的企业才能在激烈的市场竞争中站稳脚跟，实现可持续发展。

7.3.3　以信息技术能力带动企业向高端发展

本书的研究揭示了IT能力对于供应链整合与质量管理间的调节作用。之前对于供应链整合与绩效的关系研究中，IT能力已经引起了不少学者的重视。不少学者认为IT能力是进行供应链整合的先决条件，并指出企业借助IT技术可以更好地获取知识以及共享重要的信息，实现高效的信息流整合。本书开拓了认识IT能力与供应链整合关系的思路，认为IT能力作为企业实施供应链整合过程中的调节因素，可以促进知识、信息共享，帮助企业快速识别新的市场机会，合理安排产品生产流程，在降低成本的同时提高产品开发效率，最终实现绩效的改善。本书的研究启示学者未来可以从不同的角度、更加深入和全面地分析IT能力与供应链整合的关系。

信息系统是支撑供应链运行的重要基础设施，只有利用现代化信息技术和信息系统不断提高企业信息化程度，才可以使企业持续地保持竞争优势。进入21世纪以来，以信息技术为代表的科技浪潮一直席卷着全世界各个地区，改变着各行各业的经营管理。“转型升级”不但要借助科学技术提高单位劳动生产率，更要借助科学技术手段提升管理运营能力，以管理能力创造效益。信息技术以及信息化越来越成为企业不可缺少的核心能力与转型升级途径（Sahin and Robinson，2005）。而对于很多中国企业来说，信息化程度不高，是制约其产业转型与升级的重要原因之一。要想充分发挥供应链整合的作用，没有强大的信息技术能力做支撑是不可想象的（Lee et al.，1997）。凡是具有强大供应链整合能力的企业，无不拥有先进的信息系统。中国的优秀企业，例如海尔，能够打造一流的供应链，并且拥有强大的供应链整合能力，采用先进的VMI等供应链整合模型，依靠的就是海尔先进的信息系统等基础设施。依靠先进的信息系统，通过对供应链的整合，海尔的产品质量得到了极大的提升。对于中国制造企业来说，必须重视对信息系统的投资，将其视为企业的战略性资产，全力打造以信息技术和信息系统为能力与资产的核心优势，帮助企业在全球化的竞争中立于不败之地。依托信息技术，企业在竞争新领域如触摸屏、机器人和增强现实技术等，都可以为将来自动响应终端需求变化的供应链创造更多价值。当然，核心问题不是利用何种技术，而是公司是否与适合的制造商、技术或物流供应商合作，使得供应链能够真正地被整合，并以需求为出发点（蕙嘉琳，2017）。近年来，随着我国“互联网+”的不断发展，依托大数据、云计算功能开展基于线上线下融合发展的 O2O、全渠道运营模式，正是供应链整合与信息技术深度融合的产物。在这种情况下，实体零售与网络电商纷纷以供应链整合为基石，依托信息技术跨界合作形式分别向线上及线上延伸，以期实现优势互补、共同发展。例如，苏宁与阿里巴巴的合作、永辉与京东的联手正是这种趋势的例证（王晓娟，2017）。

7.3.4 以供应链敏捷性实现供应链精准服务

本研究证实了供应链敏捷性在供应链整合与企业质量管理之间存在显著的调节效应。也就是说，当企业面临外部环境竞争压力时，企业供应链对其质量管理的影响会受到供应链敏捷性的影响。供应链敏捷性成为企业优化供应链整合能力和改善企业质量管理的重要外部渠道。本书的研究发现，企业管理者在制定企业发展战略时，尤其是制定企业供应链发展战略时，需要考察和测评本企业供应链的敏捷程度，进而能够更为精准地完成供应链整合和质量管理的目标。本研究同时也为企业管理者从供应链敏捷性视角出发完善企业质量管理提供了决策依据，更丰富了企业管理者在制定科学的质量管理制度以及可操作性质量管理方案等方面的决策思路。供应链管理理论长期以来聚焦在物流、采购、库存等职能领域，以物流成本、采购成本、库存成本以及运营效率等作为主要的绩效评价指标，在一定程度上忽视了供应链敏捷性的重要作用，即未能足够重视及时响应和应对外部环境变化能力的培养。供应链管理的研究主要是从企业内部各个功能性领域出发，将外部供应链视作内部各职能的延伸，并且主要集中在供应商方面，研究如何加强供应商的外部配合以实现内部各职能效率的提升。随着全球化的不断发展，企业的经营思路也受到了外部竞争环境的巨大影响，企业的经营管理模式正发生着根本的变革。全球化使企业不能再单独竞争，企业不得不面向供应链，依靠供应链重塑核心竞争力，同时还需要增强自身应对外部竞争风险的能力。以往只注重自身运营效率和成本，与外部供应商竞价争利的竞争方式逐渐转向与外部合作，这就需要企业管理者能够依托供应链敏捷性提供精准服务，全面应对外部竞争压力。

当前，全球化竞争加剧使供应链管理变得越来越复杂，有效地整合供应链的同时提升供应链敏捷性可以为企业规避外在不确定性，从而为企业创造更多的价值。供应链敏捷性不仅是企业应对未来不确定性风险的重要抓手（Wierczek，2014），而且，供应链敏捷性的提升有助于企业高效实现资源的多方配置，为客户提供精准服务（Huo et al.，2014；Yu et al.，2013）。当企业面临的外在供应链整合风险减少时，能够很好地优化供零关系（王晓娟，2017），减少两者因争夺稀缺资源而发生的冲突。在这种情况下，一方面，企业零售供给侧能够更好地、更加精准地为客户提供满意产品，即能真正提升产品质量。另一方面，当企业供应链敏捷性提高时，企业在潜在客户识别、优质客户保留以及新客户发掘等多个方面都可以实现精准营销，深度满足客户有形需求和隐形需求。此外，供应链敏捷性提升还有助于促进“小业态”零售企业的转型升级、精准服务。当前的“小业态”企业，主要是指便利店、精品超市等中小企业，它们在供应链整合方面具有较弱的实力，甚至不具备真正的供应链整合能力。但是，“小业态”企业可以依托其在供应链中的敏捷性提升来深耕以“专业、精细、差异、便捷”为特征的商超转型。easy 家乐福、永辉超市等均是近年来现代零售业以“小业态”推动企业转型升级的积极实践。

7.4　不足与展望

本研究基于供应链整合系统分析了供应商整合、客户整合、流程质量、产品质量、企业信息技术能力、供应链敏捷性以及企业绩效等多要素之间的内在作用机理。本研究虽然对现有的供应链整合理论研究的深度和广度的延伸有一定贡献，但依然存在一些不足，在未来的深化研究中可以进行进一步的探讨，主要有以下几个方面：

第一，在研究方法方面，由于受到研究资源和条件的限制，本书未能实施原计划的实地访谈和案例分析等定性研究内容，这在一定程度上导致我们对供应链整合内涵的研究不够深入和丰富。然而，随着未来条件的允许，我们仍可以对供应链整合的概念和内涵进行定性研究，以期获得新的发现和见解。通过深入访谈和案例分析，我们可以更全面地了解供应链整合的实际操作和实施过程，挖掘其内在的驱动力和影响因素。此外，定性研究还可以帮助我们更好地理解供应链整合对企业绩效的作用机制和效果，为企业提供更有针对性的策略和建议。因此，未来的研究应重视定性研究在供应链整合领域的应用，以进一步丰富和完善供应链整合理论。

第二，在本书对外部供应商和客户整合的研究中，我们未能充分探讨内部整合与企业绩效之间的关系，以及内外部整合之间的相互作用。事实上，已有学者指出内部整合对外部整合（供应商与客户整合）和企业绩效具有保障、支持和促进作用。为了建立一个更加完善的理论模型，未来的研究应该将内部整合纳入其中，以更全面地理解内外部整合对企业绩效的影响。通过深入研究内部整合的作用机制，我们可以更好地理解其在整个供应链整合过程中的重要性和价值。这将有助于为企业提供更具针对性的策略和建议，推动企业不断提升内部整合水平，以获得更好的绩效表现。因此，未来的研究应当重视内部整合在供应链整合理论中的地位和作用，从而进一步完善供应链整合的理论框架。

第三，从研究的外部效度角度来看，本书的研究结论需要在其他非调研城市进行验证，以评估其普适性和适用性。为了提高研究的科学性和准确性，调查研究需要具备足够的样本数量和广泛的抽样范围。足够的样本数量能够提供足够的统计信息，使研究结果更具有代表性和可靠性，而广泛的抽样范围则能够减少地域性偏见和误差，提高研究的外部效度。

然而，由于资源和能力的限制，本次调查收集的样本数量有限，这可能对研究结果的科学性和可靠性产生一定的影响。

此外，由于样本主要集中在几个地区，虽然具有一定的代表性和典型性，但研究的外部效度仍受到一定程度的限制。因此，我们还需要进一步探讨本研究所选样本得出的结论是否适用于其他城市。可以通过对比不同城市之间的供应链整合与企业绩效的关系，分析其异同点，进一步揭示供应链整合对企业绩效的普遍规律和作用机制。这为未来的研究提供了新的方向和视角，有助于推动供应链整合理论的发展和完善。

综上所述，未来的研究可以在更广泛的地区和更多的样本中进行验证，以提高研究的外部效度和普适性。这将有助于我们更好地理解供应链整合与企业绩效之间的关系，为企业提供更有针对性的策略和建议。同时，进一步探讨不同城市之间的供应链整合与企业绩效的关系，将有助于推动供应链整合理论的发展和完善。

第四，为了丰富和完善现有的研究框架，我们可以从外部环境条件等方面探寻更多的研究变量。例如，本研究主要基于信息技术能力和供应链敏捷性来探索供应链整合与质量管理之间的调节效应。然而，这可能只是供应链整合影响质量管理调节机制的一个方面。未来研究需要基于更多的实践现象来探索其他调节变量，以进一步丰富现有的研究框架。例如，我们可以考虑探索不同企业文化（Zhao et al.，2011）、供应链质量关系（Crosby et al.，1990；Liljander and Strandvik，1995；Henning and Klee，1997；Su et al.，2008；Huntley，2006）等变量对供应链整合与质量管理、供应链整合与企业绩效之间的深层次作用机理。此外，学者们也认为由不同行业差异衍生的企业经营环境异质性可能对供应链整合对企业发展的影响产生重要影响（Eriksson，2015）。因此，未来的研究可以沿着行业环境差异进行更加精准、精细的研究框架探索，以增强本研究基本模型的理论解释力。

总之，未来的研究需要从多个角度出发，综合考虑各种因素，包括外部环境条件、企业文化、供应链质量关系以及行业环境差异等，全面深入地探索供应链整合对企业发展的影响。这将有助于我们更加精准地理解供应链整合的作用机制，为企业提供更有针对性的策略和建议。

参考文献

[1]Adam E E. Alternative quality improvement practices and organization performance[J]. Journal of Operations Management, 1994, 12(1): 27-44.

[2] Agbim K C, Oriarewo G O, Zever T A. Impact of business environmental scanning behaviour on the entrepreneurial performance of micro-preneurs: A conceptual framework[J]. European Journal of Business & Management, 2014(24).

[3]Agus A, Shukri Hajinoor M. Lean production supply chain management as driver towards enhancing product quality and business performance: Case study of manufacturing companies in Malaysia[J]. International Journal of Quality & Reliability Management, 2012, 29(1): 92-121.

[4]Agus A. Supply chain management: The influence of SCM on production performance and product quality[J]. Organization, 2015, 12(17): 18.

[5]Agus A. The structural influence of supply chain management on product quality and business performance[J]. International Journal of Trade, Economics and Finance, 2011, 2(4): 269.

[6]Ahire S L, Golhar D Y. Quality management in large vs small firms[J]. Journal of Small Business Management, 1996, 34(2): 1.

[7]Amodio D M, Devine P G, Harmon-Jones E. A dynamic model of guilt implications for motivation and self-regulation in the context of prejudice [J]. Psychol Sci, 2007, 18(6): 524-530.

[8]Anderson J C, Rungtusanatham M, Schroeder R G, et al. A path ana-

lytic model of a theory of quality management underlying the deming management method: Preliminary empirical findings[J]. Decision Sciences, 1995, 26(5): 637-658.

[9]Angeles R. Anticipated IT infrastructure and supply chain integration capabilities for RFID and their associated deployment outcomes[J]. International Journal of Information Management, 2009, 29(3): 219-231.

[10]Armistead C, Mapes J. The impact of supply chain integration on operating performance [J]. Logistics Information Management, 1993, 6 (4): 9-14.

[11]Bagchi P K, Chun Ha B, Skjoett-Larsen T, et al. Supply chain integration: A European survey[J]. The International Journal of Logistics Management, 2005, 16(2): 275-294.

[12]Bai C, Sarkis J. Determining and applying sustainable supplier key performance indicators [J]. Supply Chain Management, 2014, 19 (3): 275-291.

[13]Bakos J Y, Brynjolfsson E. From vendors to partners: Information technology and incomplete contracts in buyer-supplier relationships[J]. Journal of Organizational Computing and Electronic Commerce, 1993, 3(3): 301-328.

[14]Bamey J. Firm resources and sustainustainable competitiveable advantagedvantage [J]. Joumal of Management, 1991, 17(1): 99-120.

[15]Barney J B. The resource-based theory of the firm [J]. Organization Science, 1996, 7(5): 469.

[16]Baron, R M, Kenny, D A. Baron & Kenny, 1986[J]. 1986.

[17]Bask A H, Juga J. Semi-integrated supply chains: Towards the new era of supply chain management[J]. International Journal of Logistics, 2001, 4 (2): 137-152.

[18]Beamon B M. Measuring supply chain performance [J]. International Journal of Operations & Production Management, 1999, 19(3): 275-292.

[19] Beers G. Developing systems to maintain quality through the supply chain: Getting the product right for the customer[J]. Agriproduct Supply-Chain Management in Developing Countries, 2004: 76-87.

[20] Bharadwaj A S. A resource-based perspective on information technology capability and firm performance: An empirical investigation[J]. MIS Quarterly, 2000: 169-196.

[21] Bhatt G D, Grover V, Grover V. Types of information technology capabilities and their role in competitive advantage: An empirical study [J]. Journal of Management Information Systems, 2005, 22(2): 253-277.

[22] Boon-itt S, Paul H. Measuring supply chain integration—using the q-sort technique[M]//Research methodologies in supply chain management. Physica-Verlag HD, 2005: 47-58.

[23] Bowersox D J, Morash E A. The integration of marketing flows in channels of distribution [J]. European Journal of Marketing, 1989, 23(2): 58-67.

[24] Braunscheidel M J, Suresh N C, Boisnier A D. Investigating the impact of organizational culture on supply chain integration[J]. Human Resource Management, 2010, 49(5): 883-911.

[25] Brynjolfsson E, Hitt L M. Paradox lost? Firm-level evidence on the returns to information systems spending [J]. Management Science, 1996, 42 (4): 541-558.

[26] Burgess M S E, Gray W A, Fiddian N J. Quality measures and the information consumer[J]. Challenges of Managing Information Quality in Service Organizations, Idea Press Group, Hershey, USA, 2006: 213-242.

[27] Cagliano R, Caniato F, Spina G. The linkage between supply chain integration and manufacturing improvement programmes[J]. International Journal of Operations & Production Management, 2006, 26(3): 282-299.

[28] Cao M, Zhang Q. Supply chain collaboration: Impact on collaborative

advantage and firm performance[J]. Oper Manag, 2011, 29(3): 163-180.

[29] Carr A S, Smeltzer L R. The relationship between information technology use and buyer-supplier relationships: An exploratory analysis of the buying firm's perspective[J]. IEEE Transactions on Engineering Management, 2002, 49(3): 293-304.

[30] Chandra C, Kumar S. Enterprise architectural framework for supply-chain integration[J]. Industrial Management & Data Systems, 2001, 101(6): 290-304.

[31] Chang K, Chelladurai P. System-based quality dimensions in fitness services: Development of the scale of quality[J]. The Service Indsutries Journal, 2003, 23(5): 65-83.

[32] Chang P Y. Panel supply chain collaboration using a Web-based decision support system to improve product quality and on-time delivery[J]. International Journal of e-Collaboration(IJeC), 2014, 10(2): 40-54.

[33] Cheng J C P, Law K H, Bjornsson H, et al. A service oriented framework for construction supply chain integration [J]. Automation in Construction, 2010, 19: 245-260.

[34] Cheng J H, Chen M C, Huang C M. Assessing inter-organizational innovation performance through relational governance and dynamic capabilities in supply chains [J]. Supply Chain Management: An International Journal, 2014 (2): 173-186.

[35] Chen I J, Paulraj A. Towards a theory of supply chain management: The constructs and measurements [J]. Journal of Operations Management, 2004, 22(2): 119-150.

[36] Chen I J, Paulraj A. Understanding supply chain management: Critical research and a theoretical framework[J]. International Journal of Production Research, 2004, 42(1): 131-163.

[37] Chen J, Sohal A S, Prajogo D I. Supply chain operational risk mitiga-

tion: A collaborative approach[J]. International Journal of Production Research, 2013, 51(7): 2186-2199.

[38]Chou, Chih-Ping, Bentler P M, Pentz M A. Comparisons of two statistical approaches to study growth curves: The multilevel model and the latent curve analysis[J]. Structural Equation Modeling A Multidisciplinary Journal, 1998, 5(3): 247-266.

[39]Christopher M. The agile supply chain: Competing in volatile markets [J]. Industria Marketing Management, 2000, 29(1): 37-44.

[40]Clark K B. Competing through manufacturing and the new manufacturing paradigm: Is manufacturing strategy passé? [J]. Production and Operations Management, 1996, 5(1): 42-58.

[41]Cook M L. Organizational structure and globalization: The case of user oriented firms[J]. Strategies and Structures in the Agro-food Industries, 1997: 77-93.

[42]Cooper M C, Lambert D M, Pagh J D. Supply chain management: More than a new name for logistics[J]. The International Journal of Logistics Management, 1997, 8(1): 1-14.

[43]Cousins P D, Menguc B. The implications of socialization and integration in supply chain management[J]. Journal of Operations Management, 2006, 24(5): 604-620.

[44]Crosby L A, Evans K R, Cowles D. Relationship quality in services selling: An interpersonal influence perspective[J]. Journal of Marketing, 1990, 3(54): 68-81.

[45]Daellenbach R U S. Rethinking research methods for the resource-based perspective: Isolating sources of sustainable competitive advantage[J]. Strategic Management Journal, 1999, 20(5): 487-494.

[46]Danese P, Romano P. Supply chain integration and efficiency performance: A study on the interactions between customer and supplier integration[J].

Supply Chain Management: An International Journal, 2011, 16(4): 220-230.

[47]Danese P. Supplier integration and company performance: A configurational view[J]. Omega, 2013, 41(6): 1029-1041.

[48]Das A, Narasimhan R, Talluri S. Supplier integration—finding an optimal configuration[J]. Journal of Operations Management, 2006, 24(5): 563-582.

[49]David P A. The Dynamo and the computer: An historical perspective on the modern productivity paradox[J]. The American Economic Reviews, 1990, 80(2): 335-361.

[50]Dean J W, Bowen D E. Management theory and total quality: Improving research and practice through theory development[J]. Academy of Management Review, 1994, 19(3): 392-418.

[51]Dehning B, Richardson V J, Zmud R W. The financial performance effects of IT-based supply chain management systems in manufacturing firms[J]. Journal of Operations Management, 2007, 25(4): 806-824.

[52]Dehning B, Richardson V J, Zmud R W. The financial performance effects of It-Based supply chain management systems in manufacturing firms[J]. Journal of Operations Management, 2007, 25(4): 806-824.

[53]De Meyer A, Ferdows K. Influence of manufacturing improvement programmes on performance[J]. International Journal of Operations & Production Management, 1990, 10(2): 120-131.

[54]Deming W E. Improvement of quality and productivity through action by management[J]. Global Business and Organizational Excellence, 1981, 1(1): 12-22.

[55]Deniz Mungan, Junfang Yu, Bhaba R Sarker. Manufacturing lot-sizing, procurement and delivery schedules over a finite planning horizon[J]. International Journal of Production Research, 2010, 48(12): 3619-3636.

[56]Devaraj S, Krajewski L, Wei J C. Impact of eBusiness technologies on

operational performance: The role of production information integration in the supply chain[J]. Journal of Operations Management, 2007, 25(6): 1199-1216.

[57]Donk D P, Van der Vaart T. A case of shared resources, uncertainty and supply chain integration in the process industry[J]. International Journal of Production Economics, 2005, 96(1): 97-108.

[58]Donk D P V, Vaart T V D. A critical discussion on the theoretical and methodological advancements in supply chain integration research[M]// Research Methodologies in Supply Chain Management. Physica-Verlag HD, 2005: 31-46.

[59]Droge C, Vickery S K, Jacobs M A. Does supply chain integration mediate the relationships between product/process strategy and service performance? An empirical study[J]. International Journal of Production Economics, 2012, 137(2): 250-262.

[60]Earl M J. Experiences in strategic information systems planning[J]. MIS Quarterly, 1993: 1-24.

[61]Easton G S, Jarrell S L. The effects of totall quality management on corporate performance: An empirical investigation [J]. Quality Control and Applied Statistics, 1999(4): 44.

[62]Eriksson P E. Partnering in engineering projects: Four dimensions of supply chain integration[J]. Journal of Purchasing and Supply Management, 2015, 21(1): 38-50.

[63]Fabbe-Costes N, Jahre M. Supply chain integration and performance: A review of the evidence[J]. The International Journal of Logistics Management, 2008, 19(2): 130-154.

[64]Fabbe-Costes N, Jahre M. Supply chain integration improves performance: The emperor's new suit? [J]. International Journal of Physical Distribution & Logistics Management, 2007, 37(10): 835-855.

[65]Fawcett S E, Magnan G M. The rhetoric and reality of supply chain integration[J]. International Journal of Physical Distribution & Logistics Manage-

ment, 2002, 32(5): 339-361.

[66]Fernandes A C, Sampaio P, Carvalho M S. Quality management and supply chain management integration: A conceptual model[J]. IEOM, 2014: 773-780.

[67]Flynn B B, Huo B, Zhao X. The impact of supply chain integration on performance: A contingency and configuration approach[J]. Journal of Operations Management, 2010, 28(1): 58-71.

[68]Forker L B, Mendez D, Hershauer J C. Total quality management in the supply chain: What is its impact on performance? [J]. International Journal of Production Research, 1997, 35(6): 1681-1702.

[69]Foster S T. Towards an understanding of supply chain quality management[J]. Journal of Operations Management, 2008, 26(4): 461-467.

[70]Frank, Schlemmer, Brian, et. al. The managing director and the development of dynamic capabilities[J]. International Journal of Organizational Analysis, 2008, 16(1/2): 109-137.

[71]Frohlich M T, Westbrook R. Arcs of integration: An international study of supply chain strategies[J]. Journal of Operations Management, 2001, 19(2): 185-200.

[72]Frohlich M T, Westbrook R. Demand chain management in manufacturing and services: Web-based integration, drivers and performance[J]. Journal of Operations Management, 2002, 20(6): 729-745.

[73]Fu-jiang Z, Ye-Zhuang T, Xiao-lin S. Empirical analysis of the effects of supplier selection and integration on customer satisfaction and business performance[C]//Management of Innovation and Technology, 2006 IEEE International Conference on. IEEE, 2006, 2: 931-935.

[74]Furrer O F G, Tjemkes B V, Ziggers G W. Response Strategies in Problematic Alliances[C]//Challenges of Non-market Influences on Market Strategies, Strategic Management Society International Conference, San Diego,

Ca, October. Chicago, IL, USA : Strategic Management Society, 2007.

[75] Garvin D A. Managing quality: The strategic and competitive edge [M]. Simon and Schuster, 1988.

[76] Garvin D A. Product quality: An important strategic weapon[J]. Business Horizons, 1984, 27(3): 40-43.

[77] Gautam Ahuja. The duality of collaboration: Inducements and opportunities in the formation of interfirm linkages[J]. Strategic Management Journal, 2000.

[78] Gimenez C, van der Vaart T, Pieter van Donk D. Supply chain integration and performance: The moderating effect of supply complexity[J]. International Journal of Operations & Production Management, 2012, 32 (5): 583-610.

[79] Glenn Richey Jr R, Chen H, Upreti R, et al. The moderating role of barriers on the relationship between drivers to supply chain integration and firm performance[J]. International Journal of Physical Distribution & Logistics Management, 2009, 39(10): 826-840.

[80] Gligor D M, Holcomb M C. Antecedents and consequences of supply chain agility: Establishing the link to firm performance[J]. Journal of Business Logistics, 2012, 33(4): 295-308.

[81] Grant R M. Prospering in dynamically-competitive environments: Organizational capability as knowledge integration [J]. Organization Science, 1996, 7(4): 375-387.

[82] Gunasekaran A, Ngai E W T. Information systems in supply chain integration and management [J]. European Journal of Operational Research, 2004, 159(2): 269-295.

[83] Hamel G, Prahalad C K. Competing for the future: Breakthrough strategies for control of your industry and creating markets of tomorrow[J]. Competing for the Future: Breakthrough Strategies for Control of Your Industry and Creating Markets of Tomorrow, 1994.

[84] Hammer M. The superefficient company [J]. Harvard Business Review, 2001, 79(8): 82-93.

[85] Handfield R B, Nichols E L. Supply chain redesign: Transforming supply chains into integrated value systems[M]. FT Press, 2002.

[86] Harland C M, Lamming R C, Zheng J, et al. A taxonomy of supply networks[J]. Journal of Supply Chain Management, 2001, 37(3): 21-27.

[87] Harland C M. Supply chain management: Relationships, chains and networks[J]. British Journal of Management, 1996, 7(S1): S63-S80.

[88] Hennig-Thurau T, Klee A. A critical reassessment and model development[J]. Psychology & Marketing, 1997, 14(8): 737-765.

[89] He Y, Lai K K, Sun H, et al. The impact of supplier integration on customer integration and new product performance: The mediating role of manufacturing flexibility under trust theory [J]. International Journal of Production Economics, 2014, 147: 260-270.

[90] Ho D C K, Au K F, Newton E. Empirical research on supply chain management: A critical review and recommendations[J]. International Journal of Production Research, 2002, 40(17): 4415-4430.

[91] Hu L T, Bentler P M. Fit indices in covariance structure modeling: Sensitivity to underparameterized model misspecification. [J]. Psychol Methods, 1998, 3(4): 424-453.

[92] Hult G T M, Craighead C W, Ketchen D J. Risk uncertainty and supply chain decisions: A real options perspective[J]. Decision Sciences, 2010, 41(3): 435-458.

[93] Huntley J K. Conceptualization and measurement of relationship quality: Linking relationship quality to actual sales and recommendation intention [J]. Industrial Marketing Management, 2006, 35(6): 703-714.

[94] Huo B. The impact of supply chain integration on company performance: An organizational capability perspective[J]. Supply Chain Management: An In-

ternational Journal, 2012, 17(6): 596-610.

[95]Huo B, Zhao X, Lai F. Supply chain quality integration: Antecedents and consequences[J]. IEEE Transactions on Engineering Management, 2014, 61(1): 38-51.

[96]Ives B, Jarvenpaa S L. Applications of global information technology: Key issues for management[J]. Mis Quarterly, 1991: 33-49.

[97]Iyer K N S, Germain R, Claycomb C. B2B e-commerce supply chain integration and performance: A contingency fit perspective on the role of environment[J]. Information & Management, 2009, 46(6): 313-322.

[98]Jabbour A B, Filho A G, Viana A B, et al. Factors affecting the adoption of supply chain management practices: Evidence from the brazilian electro-electronic sector[J]. IIMB Management Review, 2011, 23(4): 208-222.

[99]Jiang X Y, Zhang X M, Wang S J, et al. Product lifecycle oriented quality management system for supply chain[C]//Industrial Engineering and Engineering Management (IE&EM), 2011 IEEE 18Th International Conference on. IEEE, 2011: 1040-1043.

[100]Jiang X, Zhao K, Zhang X, et al. Research on product quality design into supply chain[C]//Control and Decision Conference, 2009. CCDC'09. Chinese. IEEE, 2009: 5803-5807.

[101]Johansson C, Möllefors S. Customer & supplier integration in the innovation process: A quantitative study on how external integration affects product innovativeness in Swedish manufacturing firms[J]. 2013.

[102]Kannan V R, Choon Tan K. Supply chain integration: Cluster analysis of the impact of span of integration[J]. Supply Chain Management: An International Journal, 2010, 15(3): 207-215.

[103]Kannan V R, Tan K C. Just in time, total quality management, and supply chain management: Understanding their linkages and impact on business performance[J]. Omega, 2005, 33(2): 153-162.

[104]Kaynak H, Hartley J L. A replication and extension of quality management into the supply chain[J]. Journal of Operations Management, 2008, 26(4): 468-489.

[105]Kaynak H. The relationship between total quality management practices and their effects on firm performance[J]. Journal of Operations Management, 2003, 21(4): 405-435.

[106]Kim D Y. Relationship between supply chain intergration and performance[J]. Journal of Operations Management, 2013, 6: 74-90.

[107]Kim S W. An investigation on the direct and indirect effect of supply chain integration on firm performance[J]. International Journal of Production Economics, 2009, 119(2): 328-346.

[108]Koufteros X A, Cheng T C E, Lai K H. "Black-box" and "gray-box" supplier integration in product development: Antecedents, consequences and the moderating role of firm size[J]. Journal of Operations Management, 2007, 25(4): 847-870.

[109]Koufteros X, Vonderembse M, Jayaram J. Internal and external integration for product development: The contingency effects of uncertainty, equivocality, and platform strategy[J]. Decision Sciences, 2005, 36(1): 97-133.

[110]Krause D R, Vachon S, Klassen R D. Special topic forum on sustainable supply chain management: Introduction and reflections on the role of purchasing management[J]. Journal of Supply Chain Management, 2009, 45(4): 18-25.

[111]Kruasoma T, Saenchaiyathon K, Kantatasiri P. Achievement a sustainable competitive advantage on the integration of resource-based view and dynamic capability[J]. International Business Management, 2015, 9(1): 79-85.

[112]Kuei C H, Madu C N, Lin C. The relationship between supply chain quality management practices and organizational performance[J]. International

Journal of Quality & Reliability Management, 2001, 18(8): 864-872.

[113]Kuo Y, Yang T, Parker D, et al. Integration of customer and supplier flexibility in a make-to-order industry[J]. Industrial Management & Data Systems, 2016, 116(2): 213-235.

[114]Lai K, Wong C W Y, Cheng T C E. A coordination-theoretic investigation of the impact of electronic integration on logistics performance[J]. Information & Management, 2008, 45(1): 10-20.

[115]Lambert D M, Cooper M C. Issues in supply chain management[J]. Industrial Marketing Management, 2000, 29(1): 65-83.

[116]Lambert D M, Robeson J F, Stock J R. An appraisal of the integrated physical distribution management concept[J]. International Journal of Physical Distribution & Materials Management, 1978, 9(1): 74-88.

[117]Lau A K W, Tang E, Yam R. Effects of supplier and customer integration on product innovation and performance: Empirical evidence in Hong Kong manufacturers[J]. Journal of Product Innovation Management, 2010, 27(5): 761-777.

[118]Lazzarini S, Chaddad F, Cook M. Integrating supply chain and network analyses: The study of netchains[J]. Journal on Chain and Network Science, 2001, 1(1): 7-22.

[119] Lee B, Barua A, Whinston A B. Discovery and representation of causal relationships in MIS research[J]. MIS Quarterly, 1997.

[120]Lee H L. Creating value through supply chain integration[J]. Supply Chain Management Review, 2000, 4(4): 30-36.

[121]Lee H L, Padmanabhan V, Whang S. The bullwhip effect in supply chains[J]. Sloan Management Review, 1997, 38(3): 93.

[122]Levy P, Bessant J, Sang B, et al. Developing integration through total quality supply chain management[J]. Integrated Manufacturing Systems, 1995, 6(3): 4-12.

[123]Li D, O'Brien C. Integrated decision modeling of supply chain[J]. International Journal of Production Economics, 1999, 59: 147-157.

[124]Li G, Yang H, Sun L, et al. The impact of IT implementation on supply chain integration and performance[J]. International Journal of Production Economics, 2009, 120(1): 125-138.

[125]Liljander V, Strandvik T. The nature of customer relationship in services[M]. London: JAI Press Inc., 1995.

[126]Lin C, Chow W S, Madu C N, et al. A structural equation model of supply chain quality management and organizational performance[J]. International Journal of Production Economics, 2005, 96(3): 355-365.

[127]Li S, Ragu-Nathan B, Ragu-Nathan T S, et al. The impact of supply chain management practices on competitive advantage and organizational performance[J]. Omega, 2006, 34(2): 107-124.

[128]Liu H, Ke W, Kee Wei K, et al. Effects of supply chain integration and market orientation on firm performance: Evidence from China[J]. International Journal of Operations & Production Management, 2013, 33(3): 322-346.

[129]Lotfi Z, Mukhtar M, Sahran S. Instrument development for supply chain integration and product quality relationship in automotive industry[J]. Journal of Applied Sciences, 2015, 15(1): 58.

[130]Lotfi Z, Sahran S, Mukhtar M. A product quality-supply chain integration framework[J]. Journal of Applied Sciences, 2013, 13(1): 36-48.

[131]Lummus R R, Vokurka R J. Defining supply chain management: A historical perspective and practical guidelines[J]. Industrial Management & Data Systems, 1999, 99(1): 11-17.

[132]Luo X, Chung C N. Keeping it all in the family: The role of particularistic relationships in business group performance during institutional transition[J]. Administrative Science Quarterly, 2005, 50(3): 404-439.

[133]Lu Y, Ramamurthy K R. Understanding the link between information technology capability and organizational agility: An empirical examination [J]. 2011.

[134]Lu Y, Ramamurthy K R. Understanding the link between information technology capability and organizational agility: An empirical examination[J]. MIS Quarterly, 2011, 35(4): 931-954.

[135]Maloni M, Benton W C. Powerinfluences in the supply chain[J]. Journal of Business Logistics, 2000, 21(11).

[136]Mann R, Kehoe D. An evaluation of the effects of quality improvement activities on business performance[J]. International Journal of Quality & Reliability Management, 1994, 11(4): 29-44.

[137]Marley K A, Collier D A, Meyer Goldstein S. The role of clinical and process quality in achieving patient satisfaction in hospitals[J]. Decision Sciences, 2004, 35(3): 349-369.

[138]Masakure O, Henson S, Cranfield J. Performance of microenterprises in Ghana: A resource-based view[J]. Journal of Small Business & Enterprise Development, 2013, 16(3).

[139]Mehta, Janak. Supply chain management in a global economy[J]. Total Quality Management, 2004, 15(5-6): 841.

[140]Mitra S, Singhal V. Supply chain integration and shareholder value: Evidence from consortium based industry exchanges[J]. Journal of Operations Management, 2008, 26(1): 96-114.

[141]Mittal R, Abbasi H, Pareek S. Supply chain integration in vendor managed inventory[J]. Journal of Supply Chain Management Systems, 2012, 1(2): 56.

[142]Narasimhan R, Das A. The impact of purchasing integration and practices on manufacturing performance[J]. Journal of Operations Management, 2001, 19(5): 593-609.

[143] Narasimhan R, Kim S W. Effect of supply chain integration on the relationship between diversification and performance: Evidence from Japanese and Korean firms [J]. Journal of Operations Management, 2002, 20 (3): 303-323.

[144] Naylor J B, Naim M M, Berry D. Leagility: Integrating the lean and agile manufacturing paradigms in the total supply chain[J]. International Journal of Production Economics, 1999, 62(1): 107-118.

[145] Nguyen H M, Harrison N J. Electronic supply-chain orientation and its competitive dimensions[J]. Production Planning & Control, 2004, 15(6): 596-607.

[146] Nunnally J C. Psychometric theory[J]. American Educational Research Journal, 1978, 5(3): 83.

[147] Nurmilaakso J M. Adoption of e-business functions and migration from EDI-based to XML-based e-business frameworks in supply chain integration[J]. International Journal of Production Economics, 2008, 113(2): 721-733.

[148] Nurmilaakso J M, Kotinurmi P. A review of XML-based supply-chain integration[J]. Production Planning & Control, 2004, 15(6): 608-621.

[149] Olhager J, Selldin E. Enterprise resource planning survey of Swedish manufacturing firms[J]. European Journal of Operational Research, 2003, 146 (2): 365-373.

[150] Owens S F, Levary R R. Supply chain management: An international journal emerald article: Evaluating the impact of electronic data interchange on the ingredient supply chain of a food processing company [J]. Supply Chain Management: An International Journal, 2002, 7(4): 200-211.

[151] Pagell M. Understanding the factors that enable and inhibit the integration of operations, purchasing and logistics [J]. Journal of Operations Management, 2004, 22(5): 459- 487.

[152]Pagell M, Yang C L, Krumwiede D W, et al. Does the competitive environment influence the efficacy of investments in environmental management? [J]. Journal of Supply Chain Management, 2004, 40(2): 30-39.

[153]Pasmore W A. Designing effective organizations: The sociotechnical systems perspective[M]. John Wiley & Sons Inc, 1988.

[154]Patty Swafford, Soumen Ghosh, Nagesh Murthy. A model of global supply chain agility and its impact on competitive performance [A]. Stanford Global Supply Chain Management Forum Working Paper[C]. 2000.

[155]Pieter van Donk D, Akkerman R, Van der Vaart T. Opportunities and realities of supply chain integration: The case of food manufacturers[J]. British Food Journal, 2008, 110(2): 218-235.

[156]P M Swafford, S Ghosh, N Murthy. Achieving supply chain agility through IT integration and flexibility[J]. International Journal of Production Economics, 2008, 116(2): 288-297.

[157]Podsakoff P M, Mackenzie S B, Lee J Y, et al. Common method biases in behavioral research: A critical review of the literature and recommended remedies. [J]. J Appl Psychol, 2003, 88(5): 879-903.

[158]Powell T C. Total quality management as competitive advantage: A review and empirical study[J]. Strategic Management Journal, 1995, 16(1): 15-37.

[159]Power D. Supply chain management integration and implementation: A literature review[J]. Supply Chain Management: An International Journal, 2005, 10(4): 252-263.

[160] Prajogo D, Olhager J. Supply chain integration and performance: The effects of long-term relationships, information technology and sharing, and logistics integration[J]. International Journal of Production Economics, 2012, 135(1): 514-522.

[161]Premus R, Sanders N R. Information sharing in global supply chain

alliances[J]. Journal of Asia-Pacific Business, 2008, 9(2): 174-192.

[162] Quesada G, Rachamadugu R, Gonzalez M, et al. Linking order winning and external supply chain integration strategies[J]. Supply Chain Management: An International Journal, 2008, 13(4): 296-303.

[163] Ragatz G L, Handfield R B, Scannell T V. Success factors for integrating suppliers into new product development[J]. Journal of Product Innovation Management, 1997, 14(3): 190-202.

[164] Rai A, Patnayakuni R, Seth N. Firm performance impacts of digitally enabled supply chain integration capabilities[J]. MIS Quarterly, 2006: 225-246.

[165] Richey R G, Roath A S, Whipple J M, et al. Exploring a governance theory of supply chain management: Barriers and facilitators to integration[J]. Journal of Business Logistics, 2010, 31(1): 237-256.

[166] Robinson C J, Malhotra M K. Defining the concept of supply chain quality management and its relevance to academic and industrial practice[J]. International Journal of Production Economics, 2005, 96(3): 315-337.

[167] Romano P. Co-ordination and integration mechanisms to manage logistics processes across supply networks[J]. Journal of Purchasing and Supply Management, 2003, 9(3): 119-134.

[168] Romano P, Vinelli A. Quality management in a supply chain perspective: Strategic and operative choices in a textile-apparel network[J]. International Journal of Operations & Production Management, 2001, 21(4): 446-460.

[169] Romero J C, Coudert T, Geneste L, et al. Collaborative methodology for supply chain quality management: Framework and integration with strategic decision processes in product development[C]//European Conference on Information Management and Evaluation. Academic Conferences International Limited, 2012.

[170] Rosenzweig E D, Roth A V, Dean J W. The influence of an integration

strategy on competitive capabilities and business performance: An exploratory study of consumer products manufacturers[J]. Journal of Operations Management, 2003, 21(4): 437-456.

[171]Ross J W, Beath C M, Goodhue D L. Develop long-term competitiveness through IT assets[J]. Sloan Management Review, 1996, 38(1): 31.

[172]Rudolf leuschner, dale s. rogers, françois f. charvet. A meta-analysis of supply chain integration and firm performance[J]. Journal of Supply Chain Managemnt, 2013, 4(2).

[173]Sabath R E, Autry C W, Daugherty P J. Automatic replenishment programs: The impact of organizational structure[J]. Journal of Business Logistics, 2001, 22(1): 91-105.

[174]Saeed K A, Malhotra M K, Grover V. Interorganizational system characteristics and supply chain integration: An empirical assessment[J]. Decision Sciences, 2011, 42(1): 7-42.

[175]Sahin F, Robinson E P. Information sharing and coordination in make-to-order supply chains [J]. Journal of Operations Management, 2005, 23(6): 579-598.

[176]Sami Farooq, Chris O'Brien. A technology selection framework for integrating manufacturing within a supply chain[J]. International Journal of Production Research, 2012, 50(11): 2987-3010.

[177]Samson D, Terziovski M. The relationship between total quality management practices and operational performance[J]. Journal of Operations Management, 1999, 17(4): 393-409.

[178]Saraph J V, Benson P G, Schroeder R G. An instrument for measuring the critical factors of quality management[J]. Decision Sciences, 1989, 20(4): 810-829.

[179]Schonberger R J. Japanese production management: An evolution—with mixed success[J]. Journal of Operations Management, 2007, 25(2):

403-419.

[180] Schroeder R G, Bates K A, Junttila M A. A resource-based view of manufacturing strategy and the relationship to manufacturing performance[J]. Strategic Management Journal, 2002, 23(2): 105-117.

[181] Sezen B. Relative effects of design, integration and information sharing on supply chain performance[J]. Supply Chain Management: An International Journal, 2008, 13(3): 233-240.

[182] Sila I, Ebrahimpour M, Birkholz C. Quality in supply chains: An empirical analysis[J]. Supply Chain Management: An International Journal, 2006, 11(6): 491-502.

[183] Sivadasan S, Smart J, Huatuco L H, et al. Operational complexity and supplier-customer integration: Case study insights and complexity rebound [J]. Journal of the Operational Research Society, 2010, 61(12): 1709-1718.

[184] Song M, Di Benedetto C A. Supplier's involvement and success of radical new product development in new ventures[J]. Journal of Operations Management, 2008, 26(1): 1-22.

[185] Sousa R, Voss C A. Quality management re-visited: A reflective review and agenda for future research[J]. Journal of Operations Management, 2002, 20(1): 91-109.

[186] Srinivasan R, Swink M. Leveraging supply chain integration through planning comprehensiveness: An organizational information processing theory perspective[J]. Decision Sciences, 2015, 46(5): 823-861.

[187] Stank T P, Keller S B, Closs D J. Performance benefits of supply chain logistical integration[J]. Transportation Journal, 2001: 32-46.

[188] Stank T P, Keller S B, Daugherty P J. Supply chain collaboration and logistical service performance[J]. Journal of Business logistics, 2001, 22 (1): 29-48.

[189] Stevens G C. Integrating the supply chain[J]. International Journal of

Physical Distribution & Materials Management, 1989, 19(8): 3-8.

[190]Stevenson M, Hendry L C. Improving supply chain integration using a workload control concept and web-functionality[J]. Production Planning and Control, 2007, 18(2): 142-155.

[191]Stock G N, Greis N P, Kasarda J D. Logistics, strategy and structure: A conceptual framework[J]. International Journal of Operations and Production Management, 1998, 18(1): 37-52.

[192]Stonebraker P W, Liao J. Environmental turbulence, strategic orientation: Modeling supply chain integration[J]. International Journal of Operations & Production Management, 2004, 24(10): 1037-1054.

[193]Subramani M. How do suppliers benefit from information technology use in supply chain relationships? [J]. Mis Quarterly, 2004: 45-73.

[194]Sukati I, Hamid A B, Baharun R, et al. The study of supply chain management strategy and practices on supply chain performance[J]. Procedia-Social and Behavioral Sciences, 2012, 40(7): 225-233.

[195]Su Q, Song Y, Li Z, et al. The impact of supply chain relationship quality on cooperative strategy[J]. Journal of Purchasing and Supply Management, 2008, 14(4): 263-272.

[196]Swafford P, Ghosh S, Murthy N. The antecedents of supply chain agility of a firm: Scale development and model testing[J]. Journal of Operations Management, 2006, 24(2): 170-188.

[197]Swink M, Narasimhan R, Wang C. Managing beyond the factory walls: Effects of four types of strategic integration on manufacturing plant performance[J]. Journal of Operations Management, 2007, 25(1): 148-164.

[198]Tan K C. A framework of supply chain management literature[J]. European Journal of Purchasing & Supply Management, 2001, 7(1): 39-48.

[199]Teece D, Pisano G. The dynamic capabilities of firms: An introduction [J]. Industrial and Corporate Change, 1994, 3(3): 537-556.

[200]Themistocleous M, Irani Z, Love P E D. Evaluating the integration of supply chain information systems: A case study[J]. European Journal of Operational Research, 2004, 159(2): 393-405.

[201]Thun J H. Angles of integration: An empirical analysis of the alignment of internet-based information technology and global supply chain integration [J]. Journal of Supply Chain Management, 2010, 46(2): 30-44.

[202]Tippins M J, Sohi R S. IT competency and firm performance: Is organizational learning a missing link? [J]. Strategic Management Journal, 2003, 24(8): 745-761.

[203]Trainer A, Hedberg T, Feeney A B, et al. Gaps analysis of integrating product design, manufacturing, and quality data in the supply chain using model-based defintion[C]//ASME 2016 11th International Manufacturing Science and Engineering Conference. American Society of Mechanical Engineers, 2016.

[204] Trent R J, Monczka R M. Purchasing and supply management: Trends and changes throughout the 1990s[J]. Journal of Supply Chain Management, 1998, 34(3): 2-11.

[205] Trkman P, Indihar? temberger M, Jakli? J, et al. Process approach to supply chain integration[J]. Supply Chain Management: An International Journal, 2007, 12(2): 116-128.

[206] Tuck C J, Hague R J, Ruffo M, et al. Rapid manufacturing facilitated customization[J]. International Journal of Computer Integrated Manufacturing, 2008, 21(3): 245-258.

[207]Vachon S, Klassen R D. Extending green practices across the supply chain: The impact of upstream and downstream integration [J]. International Journal of Operations & Production Management, 2006, 26(7): 795-821.

[208]Van der Vaart T, Van Donk D P. Buyer focus: Evaluation of a new concept for supply chain integration[J]. International Journal of Production Economics, 2004, 92(1): 21-30.

[209] Van der Vlist P, Kuik R, Verheijen B. Note on supply chain integration in vendor-managed inventory[J]. Decision Support Systems, 2007, 44(1): 360-365.

[210] Van Hoek R I. Reconfiguring the supply chain to implement postponed manufacturing[J]. The International Journal of Logistics Management, 1998, 9(1): 95-110.

[211] Vickery S K, Jayaram J, Droge C, et al. The effects of an integrative supply chain strategy on customer service and financial performance: An analysis of direct versus indirect relationships[J]. Journal of Operations Management, 2003, 21(5): 523-539.

[212] Vijayasarathy L R. An investigation of moderators of the link between technology use in the supply chain and supply chain performance[J]. Information & Management, 2010, 47(7): 364-371.

[213] Vijayasarathy L R. Supply integration: An investigation of its multi-dimensionality and relational antecedents[J]. International Journal of Production Economics, 2010, 124(2): 489-505.

[214] Villena VH, Gomez-Mejia LR, Revilla E. The decision of the supply chain executive to support or impede supply chain integration: A multidisciplinary behavioral agency perspective[J]. Decis Sci, 2009, 40(4): 635-665.

[215] Wagner T, Guralnik V, Phelps J. TAEMS agents: Enabling dynamic distributed supply chain management[J]. Electronic Commerce Research and Applications, 2003, 2(2): 114-132.

[216] Wang Y, Chang C W, Heng M S H. The levels of information technology adoption, business network, and a strategic position model for evaluating supply chain integration[D]. California State University, Long Beach, College of Businessn, 2004.

[217] Wan W P, Hoskisson R E, Short J C, et al. Resource-based theory

and corporate diversification accomplishments and opportunities[J]. Journal of Management, 2011, 37(5): 1335-1368.

[218]Wee H M, Wu S. Lean supply chain and its effect on product cost and quality: A case study on Ford Motor Company[J]. Supply Chain Management: An International Journal, 2009, 14(5): 335-341.

[219]Wierczek A. The impact of supply chain integration on the "snowball effect" in the transmission of disruptions: An empirical evaluation of the model [J]. International Journal of Production Economics, 2014, 157: 89-104.

[220]Wong C Y, Boon-Itt S, Wong C W Y. The contingency effects of environmental uncertainty on the relationship between supply chain integration and operational performance[J]. Journal of Operations Management, 2011, 29(6): 604-615.

[221] Won Lee C, Kwon I W G, Severance D. Relationship between supply chain performance and degree of linkage among supplier, internal integration, and customer[J]. Supply Chain Management: An International Journal, 2007, 12(6): 444-452.

[222]Woojung Chang, Alexander E Ellinger, Kyoungmi (Kate) Kim, et al. Supply chain integration and firm financial performance: A metaanalysis of positional advantage mediation and moderating factors[J]. European Management Journal, 2015: 1-14.

[223]Wook Kim S. Effects of supply chain management practices, integration and competition capability on performance[J]. Supply Chain Management: An International Journal, 2006, 11(3): 241-248.

[224]Wook Kim S. The effect of supply chain integration on the alignment between corporate competitive capability and supply chain operational capability [J]. International Journal of Operations & Production Management, 2006, 26(10): 1084-1107.

[225]Wu F, Yeniyurt S, Kim D, et al. The impact of information technology on supply chain capabilities and firm performance: A resource-based

view [J]. Industrial Marketing Management, 2006(4): 493-504.

[226] Yang J. Supply chain agility: Securing performance for Chinese manufacturers[J]. International Journal of Production Economics, 2014, 150(4): 104-113.

[227] Yao Y, Evers P T, Dresner M E. Supply chain integration in vendor-managed inventory [J]. Decision Support Systems, 2007, 43 (2): 663-674.

[228] Yusuf Y Y, Gunasekaran A, Musa A, et al. A relational study of supply chain agility, competitiveness and business performance in the oil and gas industry[J]. International Journal of Production Economics, 2014, 147(1): 531-543.

[229] Yu W, Jacobs M A, Salisbury W D, et al. The effects of supply chain integration on customer satisfaction and financial performance: An organizational learning perspective[J]. International Journal of Production Economics, 2013, 146(1): 346-358.

[230] Zailani S, Rajagopal P. Supply chain integration and performance: US versus East Asian companies[J]. Supply Chain Management: An International Journal, 2005, 10(5): 379-393.

[231] Zhao L, Huo B, Flynn B B, et al. The impact of power and relationship commitment on the integration between manufacturers and customers in a supply chain[J]. Journal of Operations Management, 2008, 26(3): 368-388.

[232] Zhao L, Huo B, Sun L Y, et al. The impact of supply chain risk on supply chain integration and company performance: A global investigation [J]. Supply Chain Management: An International Journal, 2013, 18(2): 115-131.

[233] Zhao X, Huo B, Selen W, et al. The impact of internal integration and relationship commitment on external integration [J]. Journal of Operations Management, 2011, 29(1-2): 17-32.

[234] Zu X, Fredendall L D, Douglas T J. The evolving theory of quality management: The role of Six Sigma [J]. Journal of Operations Management,

2008，26(5)：630-650.

[235]陈长彬．供应链管理的信息技术支撑体系分析[J]．电子商务，2012(3)：67-69.

[236]陈默．供应链管理信息系统在木材加工企业的技术应用分析——以大亚科技为例[J]．民营科技，2013(9)：85-86.

[237]丁静，王苗苗．生鲜农产品全渠道供应链模式与实现路径[J]．安徽农业大学学报(社会科学版)，2021(2)：53-59.

[238]董新兴，刘坤．劳动力成本上升对企业创新行为的影响——来自中国制造业上市公司的经验证据[J]．山东大学学报(哲学社会科学版)，2016(4)：112-121.

[239]冯长利，刘洪涛，梅小敏．供应链整合与企业绩效的关系研究——基于 Meta 分析[J]．管理评论，2016，28(11)：217-227.

[240]符少玲．农产品供应链整合与质量绩效[J]．华南农业大学学报(社会科学版)，2016，15(3)：10-18.

[241]韩啸，何枫．农产品封闭供应链运作模式对供应链绩效的影响——以 256 家农业龙头企业为例[J]．财经科学，2014(11)：92-101.

[242]侯杰泰，温忠麟，成子娟．结构方程模型及其应用[M]．北京：教育科学出版社，2004.

[243]黄芳铭．结构方程模型理论与应用[M]．北京：中国税务出版社，2005.

[244]蕙嘉琳．“工业 4.0 时代”供应链整合至关重要[J]．中国物流与采购，2017(9)：27.

[245]霍佳震，隋明刚．集成化供应链及其研究现状[J]．工业工程与管理，2002，7(1)：20-24.

[246]贾国柱，张橙艳．敏捷供应链的敏捷性分析[J]．工业工程，2006，9(4)：7-11.

[247]贾杰华，周金华，张玉春，等．闭环供应链契约协调质量控制研究综述[J]．生产力研究，2016(1)：147-150.

[248]姜玉满，陈要立．卓越绩效模式在供应链质量管理中的应用

[J]. 质量探索，2008(4)：2.

[249]况志军. 基于动态能力视角的 IT 能力与持续竞争优势研究[J]. 科技进步与对策，2006，23(10)：115-117.

[250]李辉，李敬强，王克稳. 老客户的价值都一样吗？——基于承诺-信任模型的异质老客户保留意愿对比研究[J]. 经济管理，2012(3)：85-94.

[251]李景峰，王继光. 知识经济背景下供应链整合绩效的实证研究[J]. 山西大学学报(哲学社会科学版)，2015，38(1)：107-113.

[252]李全喜，孙磐石. 供应链组织关系对于质量绩效影响的实证研究[J]. 求是学刊，2012(2)：6.

[253]李兴厚. 供应链管理理论与实践研究[D]. 广州：华南理工大学，2000.

[254]林震岩，多变量分析 Spss 的操作与应用[M]. 北京：北京大学出版社，2007.

[255]刘华明，王勇. 3PL 服务能力与供应链整合对企业运营绩效的影响[J]. 预测，2017，36(1)：67-73.

[256]刘华明，王勇. 供应链伙伴关系对客户整合的影响——基于物流能力视角的实证研究[J]. 商业经济与管理，2016(9)：14-21.

[257]刘军. 管理研究方法：原理与应用[M]. 北京：中国人民大学出版社，2008.

[258]马云霞，冯定忠，李洪全. 供应链管理及其产生背景分析[J]. 机床与液压，2003(5)：322-323.

[259]倪文斌，张怀修. 供应链整合研究综述[J]. 商业经济，2010(20)：68-70.

[260]潘文安. 供应链伙伴关系、整合能力与合作绩效的实证研究[J]. 科技进步与对策，2006，23(5)：105-108.

[261]邱皓政，林碧芳. 结构方程模型的原理与应用[M]. 北京：中国轻工业出版社，2009.

[262]宋华. 新兴技术与“产业供应链+”——“互联网+”下的智慧供应

链创新[J]. 人民论坛·学术前沿，2015(22)：21-34.

[263]苏定东．供应链整合对零售企业竞争力及绩效影响实证研究[J]. 商业时代，2016(8)：43-45.

[264]谭涛，朱毅华．农产品供应链组织模式研究[J]. 现代经济探讨，2004(5)：24-27.

[265]王花，贾志绚，袁媛．供应链动态能力研究综述[J]. 物流工程与管理，2017，39(4)：8-10.

[266]王莉，李殿伟．制造企业供应链整合度与财务绩效的研究[J]. 东南大学学报(哲学社会科学版)，2016(S1)：55-57.

[267]王微．全球采购与供应链整合对中国经济的影响[J]. 铁道货运，2004(6)：10-12.

[268]王晓娟．供给侧改革视角下的现代零售业转型升级[J]. 商业时代，2017(2)：21-22.

[269]王勇，邓旭东．基于因子分析的农产品供应链绩效评价实证[J]. 中国流通经济，2015(3)：10-16.

[270]王之泰．中国供应链观察[J]. 中国流通经济，2005，19(10)：7-10.

[271]文风，成龙，冯华．供应链整合跨度与强度二维互动演进机理研究[J]. 重庆大学学报(社会科学版)，2016(4)：81-87.

[272]吴明隆．结构方程模型：Amos 实务进阶[M]. 重庆：重庆大学出版社，2013.

[273]吴晓波，胡保亮，蔡荃．运用信息技术能力获取竞争优势的框架与路径研究[J]. 科研管理，2006，27(5)：53-58.

[274]谢磊，马士华，桂华明，等．供应物流协同与供应链敏捷性、绩效关系研究[J]. 科研管理，2012(11)：96-104.

[275]谢亮．环境不确定性对供应链整合影响的研究[J]. 统计与管理，2016(6)：119-120.

[276]徐可，何桢，王瑞．供应链关系质量与企业创新价值链——知识螺旋和供应链整合的作用[J]. 南开管理评论，2015，18(1)：108-117.

[277]许德惠，冯泰文，赵刚．供应商整合与企业绩效：IT 能力的调节作用[J]．工业工程与管理，2015(1)：62-70.

[278]杨道箭，齐二石，魏峰．顾客策略行为与风险偏好下供应链利润分享[J]．管理科学学报，2011，14(12)：10.

[279]杨瑾．网络关系嵌入对高端装备制造业供应链协同能力和绩效的影响研究[J]．商业经济与管理，2015(8)：5-13.

[280]杨汝梁，孙元欣．供应链整合与企业绩效关系的情境性研究——基于企业规模的调节作用[J]．现代管理科学，2015(8)：100-102.

[281]杨文安．竞争优势战略、供应链集成与企业绩效关系之研究[D]．厦门：厦门大学，2003.

[282]杨艳玲，田宇．供应链管理实践、供应链敏捷性对企业绩效的影响研究[J]．商业经济与管理，2015(9)：13-19.

[283]叶飞，徐学军．供应链伙伴关系间信任与关系承诺对信息共享与运营绩效的影响[J]．系统工程理论与实践，2009，29(8)：36-49.

[284]于亢亢，宋华，钱程．不同环境下的供应链运作柔性的绩效研究[J]．管理科学，2014(1)：43-54.

[285]曾琳．企业全面客户整合的战略研究[J]．标准科学，2007(12)：20-23.

[286]曾琳．全面客户整合的机制和实施[J]．中国质量，2008(3)：82-84.

[287]张璇，赵军．跨组织协作、供应链电子化整合能力与供应链绩效——需求不确定性和组织内部信息技术的调节效应[J]．商业经济与管理，2019(8)：5-19.

[288]张雅琪，陈菊红，王欢．IT 能力、信息共享与供应链整合的关系研究[J]．科技管理研究，2011，31(22)：180-184.

[289]赵晶，朱镇．企业电子商务价值创造过程模型[J]．管理科学学报，2010，13(12)：46-60.

[290]赵丽，孙林岩，李刚，等．中国制造企业供应链整合与企业绩效的关系研究[J]．管理工程学报，2011，25(3)：1-9.

[291]赵晓飞．全渠道模式下农产品供应链整合的理论框架与保障机制[J]．商业经济与管理，2022(7)：5-17.

[292]周浩，龙立荣．共同方法偏差的统计检验与控制方法[J]．心理科学进展，2004(6)：942-950.

[293]周驷华，万国华．电子商务对制造企业供应链绩效的影响：基于信息整合视角的实证研究[J]．管理评论，2017，29(1)：199-210.

[294]周驷华，万国华．信息技术能力对供应链绩效的影响：基于信息整合的视角[J]．系统管理学报，2016(1)：90-102.

[295]朱毅华．农产品供应链物流整合实证研究[D]．南京：南京农业大学，2004.

[296]朱镇，张伟．IT 能力如何提高供应链的竞争优势：整合与敏捷协调视角的研究[J]．中国管理科学，2014(S1)：6.

附 录

附录 1　预调研调查问卷

供应链整合对企业绩效产生影响的调查问卷

尊敬的先生/女士，您好：

我是河南科技大学商学院的一名老师，目前正在进行一项涉及供应链管理方面的调查研究，根据研究的主题需要就供应链整合方面的内容做一份问卷调查。本次问卷调查为匿名形式，对于您填写的所有数据，仅仅作为此次研究所用。我们会对您所填写的数据进行严格保密，不会对您个人隐私产生任何影响，因此请您放心认真填写。本次调查大约会占用您 10 分钟的宝贵时间。请您填写问卷时将您真实的感受反馈给我们，您的回答无所谓对错。在您认为合适的数字上画"√"，对您的帮助我深表感谢!

此次调研是一次学术研究活动，目的在于为研究企业供应链整合对企业质量管理与经营绩效的影响提供调研数据，同时这也是对贵企业供应链整合现状的一次审视，有助于贵企业提高质量管理水平，改善企业经营绩效。

对于此次问卷调研，我们在此郑重做出以下承诺：

1. 所有您提供的信息都将受到严格保护，绝不会泄露参与人的个人信息与企业机密；

2. 本次调查所获得的信息仅供学术研究所用，绝不会向其他任何组织或个人泄露可能对贵企业有任何影响的信息；

3. 我们将会对您所提供的资料进行认真严谨的分析，充分发挥相关数据的研究价值，做出对中国企业有实践意义的成果；

4. 如果您对此次调查研究的相关结果感兴趣，愿意了解研究成果，我们将会非常愿意向您分享。

第一部分：供应链整合相关问题

以下是关于您进行网购时的心理感受的描述，请您在适当分值上打“√”，1分表示完全不同意，7分表示完全同意		完全不同意→完全同意						
X_{11}	与供应商建立了长期合作伙伴关系	1	2	3	4	5	6	7
X_{12}	能够从供应商处获得所需要的知识与资源	1	2	3	4	5	6	7
X_{13}	能够与供应商保持顺畅的交流与沟通	1	2	3	4	5	6	7
X_{14}	供应商能够参与企业的产品研发与新产品规划	1	2	3	4	5	6	7
X_{15}	供应商能够有效配合企业的生产与采购作业	1	2	3	4	5	6	7
X_{16}	供应商与企业能够共享相关库存信息	1	2	3	4	5	6	7
X_{21}	能够快速处理客户反馈以达到客户满意	1	2	3	4	5	6	7
X_{22}	能够快速与准确地处理客户订单	1	2	3	4	5	6	7
X_{23}	能够迅速获得市场信息	1	2	3	4	5	6	7
X_{24}	对于异常订单的处理具有灵活性	1	2	3	4	5	6	7

第二部分：质量管理相关问题

以下是关于您进行网购时的心理感受的描述，请您在适当分值上打“√”，1分表示完全不同意，7分表示完全同意		完全不同意→完全同意						
Y_{11}	开发过程中将质量因素放在重要位置	1	2	3	4	5	6	7
Y_{12}	产品/服务的质量是衡量业绩的重要标准	1	2	3	4	5	6	7
Y_{13}	公司注重对基层员工进行工作技能与质量方面的培训	1	2	3	4	5	6	7
Y_{14}	公司注重引进先进设备来提高制造质量	1	2	3	4	5	6	7
Y_{15}	选择供应商的标准主要基于产品质量而非价格	1	2	3	4	5	6	7
Y_{16}	公司通过不断改进工艺方法提高质量	1	2	3	4	5	6	7
Y_{17}	员工经常会因为卓越的质量表现而受到奖励	1	2	3	4	5	6	7
Y_{18}	公司注重使用质量数据分析来进行质量管理	1	2	3	4	5	6	7
Y_{21}	公司的产品质量在同行业处于领先水平	1	2	3	4	5	6	7
Y_{22}	客户对于公司产品质量表示认可	1	2	3	4	5	6	7

续表

以下是关于您进行网购时的心理感受的描述，请您在适当分值上打“√”，1 分表示完全不同意，7 分表示完全同意		完全不同意→完全同意						
Y_{23}	公司很少因为质量问题受到客户索赔	1	2	3	4	5	6	7
Y_{24}	公司认为提高质量是增加利润的重要途径	1	2	3	4	5	6	7
Y_{25}	与产品成本、交付时间相比，公司的竞争中更强调产品质量	1	2	3	4	5	6	7

第三部分：企业信息技术能力相关问题

以下是关于您工作中遇到相关问题的描述，请您在适当分值上打“√”，1 分表示完全不同意，7 分表示完全同意		完全不同意→完全同意						
M_{11}	拥有完备的数据存储、网络通信等硬件平台设施	1	2	3	4	5	6	7
M_{12}	IT 部门非常了解企业的战略和竞争优先级	1	2	3	4	5	6	7
M_{13}	IT 部门非常了解企业的业务流程并积极参与组织变革	1	2	3	4	5	6	7
M_{14}	IT 部门与业务部门之间可以很好地沟通并领会对方的意图	1	2	3	4	5	6	7
M_{15}	IT 部门与业务部门之间信任度很高并相互负责	1	2	3	4	5	6	7

第四部分：企业供应链敏捷性相关问题

以下是关于您工作中遇到相关问题的描述，请您在适当分值上打“√”，1 分表示完全不同意，7 分表示完全同意		完全不同意→完全同意						
S_{11}	本企业供应链具有缩短生产前置期的能力	1	2	3	4	5	6	7
S_{12}	本企业供应链具有缩短产品开发周期的能力	1	2	3	4	5	6	7
S_{13}	本企业供应链具有提高推出新产品的频率的能力	1	2	3	4	5	6	7
S_{14}	本企业供应链具有提高产品定制化水平的能力	1	2	3	4	5	6	7
S_{15}	本企业供应链具有快速调整产品交付的能力	1	2	3	4	5	6	7
S_{16}	本企业供应链具有快速调整库存周转的能力	1	2	3	4	5	6	7
S_{17}	本企业供应链具有提高客户服务水平的能力	1	2	3	4	5	6	7
S_{18}	本企业供应链具有提高运输可靠性和提高市场反应的能力	1	2	3	4	5	6	7

第五部分：企业绩效相关问题

以下是关于您工作中遇到相关问题的描述，请您在适当分值上打“√”，1 分表示完全不同意，7 分表示完全同意		完全不同意→完全同意						
P_{11}	相比竞争对手，公司在产品/服务质量方面表现出色	1	2	3	4	5	6	7
P_{12}	公司的生产效率一直很高	1	2	3	4	5	6	7
P_{13}	公司在产品成本控制方面表现很好	1	2	3	4	5	6	7
P_{14}	公司能够保证很高的订单准时率	1	2	3	4	5	6	7
P_{15}	客户对公司产品/服务具有较高的满意度	1	2	3	4	5	6	7
P_{16}	相比竞争对手公司具有更高的产品利润率	1	2	3	4	5	6	7
P_{17}	相比竞争对手公司具有更高的销售增长率	1	2	3	4	5	6	7
P_{18}	相比竞争对手公司在市场占有率上不断提升	1	2	3	4	5	6	7

第六部分：控制变量相关问题

下面是关于您工作情况的信息，我们一定严格为您保密！（请您在表示选项的方框□内打“√”）

F1	企业性质	1. 国有企业□2. 集体企业□3. 三资企业□4. 私营企业□
F2	企业规模	1. 50 人及以下□2. 51～100 人□3. 101～500 人□4. 501～1000 人□5. 1001 人及以上□
F3	所在行业	1. 制造业□2. 电气机械及器材业□3. 服务零售业□4. 计算机、通信及电子设备□5. 石油化工业□6. 其他□
F4	被访者级别	1. 高层管理者□2. 中层管理者□3. 基层员工□

※※※※※※※※※※※※※※※※※※※※※※※※※※※※※※※※

※调查结束，感谢您的大力支持！再次对您的合作表示感谢！※

附录 2　正式调研调查问卷

供应链整合对企业绩效产生影响的调查问卷

尊敬的先生/女士，您好：

我是河南科技大学商学院的一名老师，目前正在进行一项涉及供应链管理方面的调查研究，根据研究的主题需要就供应链整合方面的内容做一份问卷调查。本次问卷调查为匿名形式，对于您填写的所有数据，仅仅作为此次研究所用。我们会对您所填写的数据进行严格保密，不会对您个人隐私产生任何影响，因此请您放心认真填写。本次调查大约会占用您 10 分钟的宝贵时间。请您填写问卷时将您真实的感受反馈给我们，您的回答无所谓对错。在您认为合适的数字上画“√”，对您的帮助我深表感谢！

此次调研是一次学术研究活动，目的在于为研究企业供应链整合对企业质量管理与经营绩效的影响提供调研数据，同时这也是对贵企业供应链整合现状的一次审视，有助于贵企业提高质量管理水平，改善企业经营绩效。

对于此次问卷调研，我们在此郑重做出以下承诺：

1. 所有您提供的信息都将受到严格保护，绝不会泄露参与人的个人信息与企业机密；

2. 本次调查所获得的信息仅供学术研究所用，绝不会向其他任何组织或个人泄露可能对贵企业有任何影响的信息；

3. 我们将会对您所提供的资料进行认真严谨的分析，充分发挥相关数据的研究价值，做出对中国企业有实践意义的成果；

4. 如果您对此次调查研究的相关结果感兴趣，愿意了解研究成果，我们将会非常愿意向您分享。

第一部分：供应链整合相关问题

以下是关于您进行网购时的心理感受的描述，请您在适当分值上打"√"，1 分表示完全不同意，7 分表示完全同意		完全不同意→完全同意						
X_{11}	与供应商建立了长期合作伙伴关系	1	2	3	4	5	6	7
X_{12}	能够从供应商处获得所需要的知识与资源	1	2	3	4	5	6	7
X_{13}	能够与供应商保持顺畅的交流与沟通	1	2	3	4	5	6	7
X_{14}	供应商能够参与企业的产品研发与新产品规划	1	2	3	4	5	6	7
X_{15}	供应商能够有效配合企业的生产与采购作业	1	2	3	4	5	6	7
X_{16}	供应商与企业能够共享相关库存信息	1	2	3	4	5	6	7
X_{21}	能够快速处理客户反馈以达到客户满意	1	2	3	4	5	6	7
X_{22}	能够快速与准确地处理客户订单	1	2	3	4	5	6	7
X_{23}	能够迅速获得市场信息	1	2	3	4	5	6	7
X_{24}	对于异常订单的处理具有灵活性	1	2	3	4	5	6	7

第二部分：质量管理相关问题

以下是关于您进行网购时的心理感受的描述，请您在适当分值上打"√"，1 分表示完全不同意，7 分表示完全同意		完全不同意→完全同意						
Y_{11}	开发过程中将质量因素放在重要位置	1	2	3	4	5	6	7
Y_{12}	产品/服务的质量是衡量业绩的重要标准	1	2	3	4	5	6	7
Y_{13}	公司注重对基层员工进行工作技能与质量方面的培训	1	2	3	4	5	6	7
Y_{14}	公司注重引进先进设备来提高制造质量	1	2	3	4	5	6	7
Y_{15}	选择供应商的标准主要基于产品质量而非价格	1	2	3	4	5	6	7
Y_{16}	公司通过不断改进工艺方法提高质量	1	2	3	4	5	6	7
Y_{18}	公司注重使用质量数据分析来进行质量管理	1	2	3	4	5	6	7
Y_{21}	公司的产品质量在同行业处于领先水平	1	2	3	4	5	6	7
Y_{22}	客户对于公司产品质量表示认可	1	2	3	4	5	6	7
Y_{23}	公司很少因为质量问题受到客户索赔	1	2	3	4	5	6	7

续表

以下是关于您进行网购时的心理感受的描述，请您在适当分值上打"√"，1分表示完全不同意，7分表示完全同意		完全不同意→完全同意						
Y_{24}	公司认为提高质量是增加利润的重要途径	1	2	3	4	5	6	7
Y_{25}	与产品成本、交付时间相比，公司的竞争中更强调产品质量	1	2	3	4	5	6	7

第三部分：企业信息技术能力相关问题

以下是关于您工作中遇到相关问题的描述，请您在适当分值上打"√"，1分表示完全不同意，7分表示完全同意		完全不同意→完全同意						
M_{11}	拥有完备的数据存储、网络通信等硬件平台设施	1	2	3	4	5	6	7
M_{12}	IT部门非常了解企业的战略和竞争优先级	1	2	3	4	5	6	7
M_{13}	IT部门非常了解企业的业务流程并积极参与组织变革	1	2	3	4	5	6	7
M_{14}	IT部门与业务部门之间可以很好地沟通并领会对方的意图	1	2	3	4	5	6	7
M_{15}	IT部门与业务部门之间信任度很高并相互负责	1	2	3	4	5	6	7

第四部分：企业供应链敏捷性相关问题

以下是关于您工作中遇到相关问题的描述，请您在适当分值上打"√"，1分表示完全不同意，7分表示完全同意		完全不同意→完全同意						
S_{11}	本企业供应链具有缩短生产前置期的能力	1	2	3	4	5	6	7
S_{12}	本企业供应链具有缩短产品开发周期的能力	1	2	3	4	5	6	7
S_{13}	本企业供应链具有提高推出新产品的频率的能力	1	2	3	4	5	6	7
S_{14}	本企业供应链具有提高产品定制化水平的能力	1	2	3	4	5	6	7
S_{15}	本企业供应链具有快速调整产品交付的能力	1	2	3	4	5	6	7
S_{16}	本企业供应链具有快速调整库存周转的能力	1	2	3	4	5	6	7
S_{17}	本企业供应链具有提高客户服务水平的能力	1	2	3	4	5	6	7
S_{18}	本企业供应链具有提高运输可靠性和提高市场反应的能力	1	2	3	4	5	6	7

第五部分：企业绩效相关问题

以下是关于您工作中遇到相关问题的描述，请您在适当分值上打"√"，1 分表示完全不同意，7 分表示完全同意		完全不同意→完全同意						
P_{11}	相比竞争对手，公司在产品/服务质量方面表现出色	1	2	3	4	5	6	7
P_{12}	公司的生产效率一直很高	1	2	3	4	5	6	7
P_{13}	公司在产品成本控制方面表现很好	1	2	3	4	5	6	7
P_{14}	公司能够保证很高的订单准时率	1	2	3	4	5	6	7
P_{15}	客户对公司产品/服务具有较高的满意度	1	2	3	4	5	6	7
P_{16}	相比竞争对手公司具有更高的产品利润率	1	2	3	4	5	6	7
P_{17}	相比竞争对手公司具有更高的销售增长率	1	2	3	4	5	6	7
P_{18}	相比竞争对手公司在市场占有率上不断提升	1	2	3	4	5	6	7

第六部分：控制变量相关问题

下面是关于您工作情况的信息，我们一定严格为您保密！（请您在表示选项的方框□内打"√"）

F1	企业性质	1. 国有企业□2. 集体企业□3. 三资企业□4. 私营企业□
F2	企业规模	1. 50 人及以下□2. 51~100 人□3. 101~500 人□4. 501~1000 人□5. 1001 人及以上□
F3	所在行业	1. 制造业□2. 电气机械及器材业□3. 服务零售业□4. 计算机、通信及电子设备□5. 石油化工业□6. 其他□
F4	被访者级别	1. 高层管理者□2. 中层管理者□3. 基层员工□

※※※※※※※※※※※※※※※※※※※※※※※※※※※※※※※※※

※调查结束，感谢您的大力支持！再次对您的合作表示感谢！※